10|18
12, avenue d'Italie — Paris XIIIe

Du même auteur
aux Éditions 10/18

LE LIVRE DE LA JAMAÏQUE, n° 2405
HAMILTON STARK, n° 2456

HISTOIRE DE RÉUSSIR

PAR

RUSSELL BANKS

Traduit de l'américain
par Pierre FURLAN
et Pascale MUSETTE

10 18

« Domaine étranger »
dirigé par Jean-Claude Zylberstein

ACTES SUD

Sur l'auteur

Russell Banks est né en 1940 dans le New Hampshire. Interrompant ses études, il choisit de mener une jeunesse errante et milite pour l'égalité des droits et contre la guerre du Vietnam. Il vagabonde à travers les États-Unis et le Mexique, effectuant çà et là divers métiers : plombier, étalagiste, représentant en chaussures. Puis, en 1963, il reprend le chemin de l'université pour terminer ses études en Caroline du Nord. Au début des années soixante-dix, il collabore à diverses revues et publie ses premiers textes. A travers ses romans, Russell Banks explore les fractures de l'existence, la dérive des êtres à l'image de la *Dérive des continents*, titre de son troisième roman, qui fut en lice pour le Prix Pulitzer 1975. Après avoir vécu en Floride, en Jamaïque et aux Caraïbes, Russell Banks enseigne aujourd'hui la littérature à Princeton et partage son temps entre New York et la Nouvelle-Angleterre.

Titre original :
Success Stories

ISBN 2-264-03078-X

Pour Linda et pour Steve.

REINE D'UN JOUR

C'est Earl, l'aîné des deux garçons, qui s'est retourné. Assis à sa table de travail – une porte posée sur des tréteaux et faiblement éclairée –, il était en train d'écrire. Il attend une seconde puis lance à son frère :

— Arrête ce cirque, veux-tu ? Et ôte tes pieds des murs.

L'autre garçon répond :

— T'as pas d'ordres à me donner. C'est pas toi qui commandes la famille, d'accord ?

Il a les cheveux bruns, de grands yeux marron, c'est un enfant de dix ans, d'humeur morose. Pour l'instant, allongé sur son lit pliant, il s'ennuie et vient de plaquer les semelles de ses tennis contre le mur, sur le papier peint aux fleurs vertes décolorées.

Earl, les bras croisés sur sa poitrine osseuse, dévisage son frère de haut, de très haut. La pièce est encombrée de modèles réduits d'avions, de livres scolaires, de papiers, de vêtements, de crosses et de patins de hockey, ainsi que d'haltères.

— Nous devons faire nos devoirs, déclare Earl, tu le sais. Si elle entend tes pieds contre le mur elle va arriver en gueulant. Alors ôte-les de là. Je ne plaisante pas.

— Elle peut pas m'entendre. En plus, tu fais pas tes devoirs, toi. Tandis que *moi* je suis en train de lire, répond-il en agitant un livre de géographie devant le nez de son frère.

L'aîné aspire de l'air à travers ses dents serrées et lui jette un regard furieux.

— Tu me fous en rogne, George. Dégage tes pieds, d'accord ? Je peux pas me concentrer quand tu fais ça, quand tu frottes tes semelles partout sur le papier peint. Ça me dérange.

Il se remet à son écriture, gribouillant avec un stylo bille sur du papier réglé dans un classeur d'écolier à trois anneaux. Earl a des cheveux blond cendré, des yeux bleu pâle qui s'affaissent aux coins et une bouche rouge foncé. Il est plus efflanqué que maigre, sec, les muscles plats, et il est soudain grand pour son âge, ce qui lui donne une tête de plus que son frère ; il dépasse même leur mère, à présent, et il peut tapoter la tête de sa sœur comme s'il était déjà un véritable adulte.

Il a eu douze ans en mars, il y a huit mois, et en mai leur père est parti. C'est un charpentier syndiqué qui fait des chantiers dans les coins les plus reculés du New Hampshire – des écoles, des hôpitaux, des bureaux de poste. Toute une année, il n'est rentré à la maison que les week-ends. Puis, pendant un certain temps, tous les quinze jours. A la fin il est resté absent un mois entier, et quand il est revenu la dernière fois ç'a été pour dire au revoir à Earl, à George, à leur sœur Louise, et à leur mère aussi, bien sûr, elle qui disait (depuis des années, semblait-il aux enfants) qu'elle ne voulait plus le revoir de toute façon, en aucune circonstance, parce qu'il ne cause que des ennuis quand il est à la maison et encore plus d'ennuis quand il ne rentre pas, alors il ferait aussi bien de s'en aller pour de bon. Ils s'en tireraient tous mieux sans lui, insistait-elle, et Earl était persuadé que c'était vrai, mais c'était avant qu'il soit parti pour de bon et qu'il ait arrêté de leur envoyer de l'argent. A présent, six mois plus tard, Earl n'est plus certain qu'ils s'en tirent mieux sans son père qu'avec lui.

Ça s'est passé un dimanche matin, un jour lavé par un soleil tout neuf et un air bien sec, avec toute la famille debout dans la cuisine. La voix aiguë et sèche de leur mère les a tirés de leurs chambres, la voix de quelqu'un qui va faire une démonstration horrible. « Venez ici ! Votre père a quelque chose d'important à vous dire ! »

Ils ont obéi, un par un, et se sont rangés devant leur père assis à la table de la cuisine. Il portait un pantalon kaki bien repassé, sa casquette et ses chaussures de travail cirées. A côté de lui deux valises, et, devant, une tasse de café qu'il remuait lentement avec une cuillère. Il avait les yeux rouges et remplis d'une humeur dense, comme presque toujours le dimanche matin après les beuveries de la veille au soir – le genre de chose que les enfants connaissaient bien. Il avait du mal à les regarder en face à cause des mots qu'on avait pu entendre tard le samedi soir quand il s'était retrouvé avec sa femme. Ce dimanche matin-là, ça n'allait qu'un peu plus mal que d'habitude – ses mains tremblaient légèrement et il pouvait à peine tenir sa cigarette ; il la laissait brûler dans le cendrier et continuait à remuer son café en parlant.

— Votre mère et moi, a-t-il dit de sa voix basse et devenue rugueuse, nous avons décidé certaines choses et il faut que vous, les enfants, soyez au courant.

Il s'est éclairci la gorge.

— Votre mère pense que c'est à moi de vous en parler, bien que j'en sache pas autant qu'elle là-dessus. Parce qu'en fait ce n'est pas seulement mon idée à moi.

— C'est toi qui dois le leur dire parce que c'est ce que tu *veux* ! a fini par déclarer leur mère.

Elle était debout près de l'évier, se tordant les mains pour se les sécher et elle avait les yeux braqués sur son mari. Son visage était gonflé, rougi de pleurs, ce qui, pour les enfants, n'était pas un spectacle inhabituel les dimanches matin où leur père était là. Ils ne savaient pas encore ce qui allait suivre.

— Adele, ce n'est *pas* ce que je veux, a-t-il dit. C'est ce qui doit se faire, un point c'est tout. Les enfants, a-t-il poursuivi, il faut que je vous quitte un moment. Un long moment. Et je pense que je reviendrai pas.

Attrapant sa cigarette entre son pouce et son index, il a inspiré la fumée avec violence, reposé le mégot dans le cendrier et s'est remis à parler comme s'il s'adressait à la table :

— Ce n'est pas du tout ce que je veux, ça me fait mal, mais il le faut. C'est trop dur à expliquer, et j'espère qu'un jour vous comprendrez, mais il y a que... il y a qu'il faut que j'aille vivre ailleurs, maintenant.

Louise, la petite fille, à peine âgée de six ans, a été la seule des enfants à pouvoir parler.

— Où est-ce que tu vas, papa ? a-t-elle demandé.

— Dans le Nord. Je remonte à Holderness où j'étais tout c'temps-là. Je me suis pris un appartement, là-haut, un petit.

— C'est pas tout ce qu'il a, là-haut ! a ajouté leur mère.

— Adele, je peux me tirer d'ici à la seconde, a-t-il dit sans élever la voix. J'suis pas obligé d'expliquer la moindre chose, si tu continues à la ramener comme ça. On a passé un accord.

— Bien, bien, désolée, a-t-elle répondu en serrant les lèvres, les fermant avec une clé invisible puis jetant la clé.

Earl, enfin, a été en mesure de parler.

— Est-ce que... est-ce que tu viendras nous voir, ou est-ce qu'on pourra venir te voir, le week-end ou comme ça ? a-t-il demandé à son père.

— Bien sûr, mon grand, tu pourras venir quand tu voudras. Il me faudra quelque temps pour tout mettre comme il faut, mais dès que ce sera arrangé pour recevoir des enfants je vous téléphonerai et on se ménagera de bonnes petites visites. Mais il faut pas que je vienne ici, pas pendant un certain temps. Tu comprends ?

Earl a hoché la tête d'un air sombre, comme si son unique angoisse, dans cet événement, venait d'être calmée.

George, lui, avait tourné le dos à son père et il était en train de faire de tout petits pas sur le linoléum de la cuisine en direction de la porte. Puis il s'est arrêté un instant, il a ouvert et il est resté au sommet de l'escalier, sur le palier, mais personne n'a essayé de le retenir parce qu'il faisait ce que les autres auraient tous voulu faire aussi, et puis on l'a entendu courir cul par-dessus tête, comme s'il tombait, dévalant l'escalier, deux étages sombres, jusqu'à la porte d'entrée de l'immeuble qu'il a fait claquer derrière lui, et on a compris qu'il était parti, qu'il filait le long de Perley Street, entre les voitures garées, dans les ruelles, jusqu'à une cachette où les autres savaient qu'il s'arrêterait pour s'asseoir et pleurer – et ils le savaient parce que c'était ce qu'ils auraient voulu faire aussi, surtout Earl, qui était trop âgé pour ça, trop effrayé, trop dérouté et trop en colère. Au lieu de s'enfuir et de fondre en larmes, Earl a déclaré :

— J'espère que tout le monde sera plus heureux comme ça.

Son père a eu un sourire, l'a regardé en face pour la première fois et lui a donné une tape sur l'épaule.

— Hé, mon fils, a-t-il dit, c'est toi l'homme de la maison, à présent. Je sais que tu en es capable. T'es un brave gosse, et, crois-moi, je suis fier de toi. Ta mère, ton frère, ta sœur, ils vont tous avoir sacrément plus besoin de toi qu'avant, mais je suis sûr que t'es à la hauteur, fiston. Je compte sur toi, a-t-il affirmé en se levant et en écrasant sa cigarette.

Puis, étendant les bras devant le nez d'Earl, il a pris la petite sœur et l'a soulevée, la serrant fort contre lui. En la reposant par terre il a essuyé quelques larmes.

— Vous direz à Georgie... bon, peut-être je le verrai en bas. Il est pas bien, je suppose...

Il a serré la main d'Earl, l'a tiré contre lui, lui a donné une brève accolade et s'est éloigné d'un pas. Alors, saisissant ses valises, sans bruit et sans adresser un seul regard à sa femme ni se retourner vers ses enfants, il a quitté l'appartement.

Pour de bon. « Et bon débarras », comme l'a clamé aussitôt leur mère à tous ceux qui voulaient l'entendre. Louise a déclaré que son père lui manquait, mais apparemment elle est vite passée dessus – après tout, elle l'avait presque toujours connu travaillant loin de la maison. George, gardant sa colère, s'est retiré très loin en lui-même et n'en a pas parlé du tout. Earl, incapable de déterminer quel sentiment lui inspirait cet abandon – car il savait qu'à bien des égards c'était ce que leur père pouvait faire de mieux pour eux et qu'à d'autres c'était le pire –, s'est mis à parler de cet homme comme s'il était mort dans un accident, comme si leur mère était veuve et qu'ils étaient, eux, à moitié orphelins. Ce qui lui a donné la liberté (mais il n'en était pas conscient à l'époque) de se concentrer sur leur survie à tous, puisque telle était désormais ce qu'il prenait pour sa responsabilité personnelle – sa mère se trouvant totalement incapable de l'assurer, et son frère et sa sœur étant, bien sûr, pratiquement des bébés. Souvent, tard le soir, alors qu'il était allongé dans son petit lit grinçant à côté de celui de son frère, Earl se disait : « C'est moi l'homme de la maison, à présent. » Et d'une certaine façon, rien qu'en se répétant ces mots comme une prière, « C'est moi l'homme de la maison, à présent », il arrivait à calmer sa terreur, à l'éloigner de lui, et il pouvait enfin sombrer dans le sommeil.

Maintenant son père est parti depuis six mois et sa mère reste fragile, continuant à dénoncer « cet homme » à tous ceux qui l'écoutent et même à ceux qui, sans l'écouter, se contentent de tourner leur visage vers elle un petit instant. C'est comme si « cet homme » rentrait encore soûl le week-end pour s'emporter contre elle et contre le monde entier, comme s'il la trompait encore et dévoilait tous ses secrets à une autre femme dans une chambre de motel du nord de l'Etat. C'est comme s'il les abandonnait chaque jour, elle et ses trois enfants, se disant prêt à leur verser de l'argent puis n'envoyant rien, promettant de téléphoner et d'écrire puis ne se manifestant pas, projetant des visites et des voyages ensemble pour les week-ends et les vacances puis ne leur laissant même pas une adresse où faire suivre le courrier, leur interdisant presque de s'adapter à une nouvelle vie dans laquelle leur père et son mari ne les trahirait plus.

Earl décide de résoudre lui-même leurs problèmes. Il ourdit et met en œuvre, autant qu'il le peut, des plans, des ruses, des complots qui sont tous destinés à trouver un substitut au père perdu. Il présente sa mère à l'entraîneur de hockey, lequel s'avère être marié et papa de fraîche date. Il invite pour le petit déjeuner, et pour rencontrer sa mère, l'ancien combattant à la plaque de métal dans le crâne qui dépose à l'aube le tas de journaux qu'Earl doit livrer avant d'aller à l'école. Mais voilà que celui-ci déteste suffisamment les femmes pour le dire carrément à Earl, sans détour : « Ne prends pas ça mal, mon grand, je suis sûr que ta maman est une dame très bien, mais j'ai rien à faire des femmes, c'est pour ça que je suis célibataire, c'est pas qu'j'aie pas encore rencontré la bonne ou un truc comme ça. » Il y a aussi le type qui vient relever le compteur d'électricité un après-midi où Earl se trouve à la maison parce qu'il a la grippe et sa mère est au travail à la tannerie où on l'a engagée comme aide-comptable. Earl lui raconte qu'il ne peut pas le laisser entrer au sous-sol parce que c'est fermé à clé, il faudra qu'il revienne plus tard quand sa mère sera là. Mais l'homme lui répond : « Bah, ça ne fait rien, je vais utiliser le relevé du mois dernier, je corrigerai la prochaine fois », et il fait gaiement au revoir de la main, laissant Earl prendre une conscience soudaine, totale et écrasante, de sa sottise, de son désir pathétique et désarmant d'un homme qui mènerait la maison.

Pendant quelque temps il rend sa mère responsable de ses nostalgies et il lui en veut des fantasmes qui le hantent. Puis le voilà qui lui pardonne et qui se met à s'en accuser lui-même. Il élabore alors des stratagèmes, des desseins, des projets qu'il trouve plus réalistes et plus dignes de considération : des sweepstakes, des loteries, des tombolas – Earl achète des billets en douce avec l'argent qu'il gagne en livrant les journaux. Il s'inscrit à des concours comme le prix du meilleur essai pour les élèves du premier cycle du secondaire, doté d'un voyage d'une semaine pour le gagnant et un de ses parents à Washington. Au concours national d'orthographe il parvient au niveau du comté où il échoue devant le mot *alligator*. Un prix, n'importe quelle récompense du monde extérieur pour sa minuscule famille assiégée, réussira, pense Earl, à rendre leur mère enfin heureuse. Il croit qu'un prix justifiera d'une certaine façon leur nouvelle vie et la coupera de leur père une fois pour toutes. Ce sera comme si leur père n'avait jamais existé.

— Alors, c'est quoi que tu écris ? demande George abruptement depuis son lit.

Il fait grimper ses pas sur le mur aussi haut qu'il peut, puis repart vers le bas.

— Je sais que c'est pas pour tes cours. T'écris pas si vite quand tu travailles. C'est quoi, une lettre d'*amour* ?

Il le lorgne d'un air narquois.

— Absolument pas, connard. Enlève tes pieds de ce mur, t'as pas compris ? Maman va entrer ici d'une minute à l'autre et se mettre à nous engueuler tous les deux.

Earl referme le cahier et le repousse avec soin, comme si c'était l'Evangile qu'il venait de lire à haute voix.

— J'veux voir ce que t'as écrit ! lance George, en virevoltant et en posant enfin ses pieds sur le plancher.

Il tend la main vers le classeur.

— Fais voir.

— Ça va comme ça, d'accord ? Arrête tes conneries.

— Non, fais voir.

Il se lève et chipe le classeur au moment même où Earl se précipite pour le protéger.

— Petit con ! s'écrie Earl qui saisit le classeur des deux mains et tire de toutes ses forces, ce qui fait perdre l'équilibre à George et l'envoie sur les genoux d'Earl.

Ils tombent tous les deux et se mettent à se battre à coups de poing et de genou, en roulant et s'agrippant, en se cognant aux meubles de la minuscule chambre jusqu'à ce qu'une lampe se renverse, que des livres dégringolent et que des avions miniatures s'écrasent au sol. Il ne faut que quelques instants pour que George perde la partie et s'enfuie à quatre pattes vers la porte, traînant derrière lui son frère qui se pend à sa chemise d'une main et le frappe sur la tête et le dos de l'autre. C'est alors que s'ouvre brusquement la porte de la chambre et que leur mère apparaît au-dessus d'eux. Saisissant les deux garçons par le col, elle hurle d'une voix aiguë :

— Qu'est-ce qui vous prend ? Qu'est-ce que vous faites ? Qu'est-ce que vous faites ?

Ils s'arrêtent et retombent dans une mêlée de bras et de jambes, mais elle continue de crier :

— Je ne *supporte* pas de vous voir vous battre ! Vous ne le savez pas, à la fin ? Je ne *supporte* pas ça !

— Je n'ai rien fait ! braille George. Je voulais seulement regarder ses devoirs.

— Ouais, c'est ça ! s'exclame Earl. C'est ça, il est aussi innocent qu'un nouveau-né.

— Fermez-la ! Tous les deux ! hurle leur mère.

Ses yeux égarés les dévisagent. Ainsi qu'il l'a fait si souvent, Earl se met à l'observer comme s'il se trouvait à l'extérieur de son propre corps. Il se rend alors compte qu'elle n'est pas vraiment en colère contre eux, qu'elle a peur et qu'elle souffre, comme si ses fils n'étaient que des petits animaux, des rats ou des furets dont les petites dents, aussi acérées que des lames de rasoir, lui mordillent les chevilles et les pieds.

Tout de suite Earl se redresse et dit :

— Excuse-moi, maman. Je dois être un peu fatigué, ces jours-ci.

Il tapote sa mère sur l'épaule et lui offre un petit sourire. George rampe sur les mains et les genoux jusqu'à son lit et s'allonge dessus, tandis qu'Earl fait gentiment faire demi-tour à leur mère et la conduit dehors, vers le séjour où la télé continue à ronronner avec Les Paul et Mary Ford jouant de la guitare et chantant des airs quelconques.

— On vient dans quelques minutes pour voir *Dobie Gillis*, maman. T'en fais pas, déclare Earl.

— Pcchht, lance George, comment est-ce qu'elle peut supporter ce machin de Les Paul et Mary Ford ? Même Louise va au lit quand ça passe et il est quelle heure ? Même pas six heures et demie.

— Ouais, ferme-la.

— Et toi...

Earl se penche pour ramasser les choses tombées par terre, le dictionnaire, les stylos, les avions, les lampes, et il remet tout sur sa table de travail. Il ouvre d'un air décidé le classeur noir devant lui et il lance à son frère :

— Bon, tu voulais voir ce que j'écrivais. Vas-y, lis, ça m'est égal.

— Moi aussi, ça m'est égal, sauf si c'est une lettre d'*amour* !

— Non, ce n'est pas une lettre d'*amour*.

— C'est quoi, alors ?

— Rien, répond Earl en refermant le classeur. Un devoir.

— Ah bon, fait George qui se remet à faire les cent pas sur le mur.

7 novembre 1953

Cher Jack Bailey,

Je pense que ma mère devrait être Reine d'un jour parce qu'elle a souffert davantage que la plupart des autres mères dans cette vie et qu'elle en est sortie très gaie et très affectueuse. Le fait le plus important est que mon père l'a abandonnée avec trois enfants : moi-même (âgé de douze ans et demi), mon frère George (âgé de dix ans) et ma sœur Louise (âgée de six ans). Il l'a quittée pour une autre femme, bien que ce ne soit pas ça l'important parce que ma mère est au-dessus de ça. Mais il refuse de lui envoyer de l'argent pour élever les enfants. Ça fait six mois qu'il est parti et on n'a pas encore vu un centime. Ma mère est allée voir un avocat, mais l'avocat demande cinquante dollars d'avance pour l'aider à traîner mon père en justice. Elle est employée comme aide-comptable à la tannerie Belvédère, en ville, et elle est mal payée, à peine assez pour le loyer et la nourriture, en fait. Alors, où va-t-elle trouver cinquante dollars pour un avocat ?

En plus mon père était un homme très cruel qui boit trop, et souvent quand il vivait avec nous il était ivre en rentrant du travail et il la battait. Ça a provoqué chez elle, et chez nous les enfants, beaucoup de souffrance nerveuse, et maintenant il arrive à ma mère d'avoir des transes et le docteur dit que c'est grave bien qu'il ne sache pas exactement ce que c'est.

On avait une voiture et mon père nous l'a laissée en partant (un grand cadeau) parce qu'il avait déjà un pick-up. Mais il devait quatre cent cinquante dollars à la banque sur cette voiture, alors les gens de la banque sont venus et ils ont repris la voiture. Maintenant ma mère doit aller partout à pied, ce qui est dur, lui donne des varices et lui fait perdre un temps précieux dans la journée.

L'infirmière de l'école a dit que ma sœur Louise avait besoin de lunettes, mais ma mère a répondu : Qui peut les payer ? Je gagne un peu en livrant des journaux, mais ça suffit à peine pour la cantine à midi pour les trois enfants, parce que c'est à ça qu'on emploie cet argent.

Les deux sœurs de ma mère et son frère ne nous ont pas trop aidés parce que ce sont des catholiques, comme elle et nous autres aussi, et qu'ils ne croient pas au divorce. Ils pensent que de toute façon elle n'aurait pas dû laisser mon père la quitter. Elle a besoin de divorcer, mais personne sauf moi et mon frère George ne trouve que ce serait bien. C'est pourquoi ma mère pleure beaucoup la nuit, parce qu'elle se sent tellement abandonnée en ces temps où elle ressent sa plus grande détresse.

Le reste du temps elle est quand même gaie et affectueuse malgré ses ennuis et sa nervosité. C'est pourquoi je crois que cette femme courageuse qui a beaucoup souffert, ma mère, devrait être Reine d'un jour.

Avec mes meilleures salutations,

Earl Painter.

Plusieurs semaines s'écoulent, novembre s'enfonce dans le froid et la grisaille, et on sent qu'encore une fois on n'échappera pas à l'hiver du New Hampshire. Earl ne reçoit pas la lettre attendue. Il n'a dit à personne, surtout pas à sa mère, qu'il a écrit à Jack Bailey, l'animateur souriant et moustachu de l'émission télévisée *Reine d'un jour*. Earl l'avait découvert quand il était resté à la maison à cause de sa grippe, s'ennuyant ferme et ne décollant pas de la télévision tout l'après-midi. Plus tard, en livrant ses journaux dans les lueurs sinistres de l'aube, puis le reste de la journée en classe, ou sur la piste de hockey, ou en faisant ses devoirs le soir, il n'arrivait pas à oublier l'émission, les histoires tristes des concurrentes racontant leurs maladies, leur pauvreté, leur abandon ou les brutalités qu'elles avaient subies, et toujours leur malchance – si tenace, si forte, celle-ci, qu'on ne pouvait s'empêcher de soupçonner qu'elle était d'une certaine façon méritée. Le public dans le studio paraissait réellement attristé, et même touché aux larmes par la manière dont Jack Bailey reprenait ces récits, puis il exultait un peu plus tard lorsque les victimes gagnantes, toutes des femmes d'âge mûr, recevaient leur récompense en réfrigérateurs, mobilier de salon, vacances, lave-linge, vaisselle de porcelaine, manteaux de fourrure, et même, s'il le fallait, en fauteuils roulants, en membres artificiels ou en bons pour des soins à domicile vingt-quatre heures sur vingt-quatre. Tandis que ces femmes pleuraient de joie, le public applaudissait et Earl battait presque des mains à son tour, seul dans le séjour obscur du petit appartement froid et minable d'une ville ouvrière au milieu du New Hampshire.

Earl sait bien que l'existence de ces femmes n'est pas très différente de celle de sa mère. En fait, s'il l'a bien décrite, s'il a réussi à faire passer dans sa lettre ce qu'il sent de fondamentalement défectueux dans la vie de sa mère, le public entier ne pourra pas s'empêcher de voir que la vie qu'elle mène est en réalité bien pire que celle d'un bon nombre – peut-être même de la plupart – des femmes qui remportent les prix. Earl sait bien que même si sa mère a la chance d'être en bonne santé (à part les « transes »), de tenir un emploi et de pouvoir nourrir, loger et vêtir ses enfants, il reste dans sa vie une tristesse essentielle, profonde, dont nulle des concurrentes de *Reine d'un jour*, selon Earl, n'est affligée. Il estime que s'il arrive seulement à décrire sa vie avec justesse, d'autres personnes – Jack Bailey, le public dans le studio, des millions de gens à travers les Etats-Unis devant leur télévision –, *tout le monde* prendra part à sa tristesse, de sorte que lorsqu'elle sera récompensée avec des appareils ménagers, des meubles et des vêtements, voire avec un voyage à Las Vegas, tout le monde participera également à son exaltation. Même lui, Earl.

Il sait qu'il n'est pas facile d'être concurrente à *Reine d'un jour*. Il faut que la lettre qui décrit la candidate puisse d'abord émouvoir Jack Bailey, puis qu'elle soit elle-même capable de communiquer ses souffrances à la télévision d'une manière aussi claire que dramatique. Earl a remarqué que quelques concurrentes desservent manifestement leur cause en minimisant l'effet qu'ont eu sur elles certaines catastrophes – par exemple un enfant malformé, une opération chirurgicale difficile à avouer, un renvoi humiliant par un employeur – alors qu'elles insistent sur d'autres événements apparemment moins désastreux, comme de s'être fait escroquer un petit héritage par un faux entrepreneur en isolation, ou d'avoir été obligée d'abandonner une école de coiffure à cause de la maladie d'un de leurs parents. Et lorsqu'on a demandé au public du studio d'exprimer l'étendue et le degré de sa compassion à l'applaudimètre, c'est toujours la femme qui a réussi à présenter le mélange le plus persuasif de courage et de doléances qui a gagné.

Earl suppose que les choses se passent de la façon suivante : Jack Bailey écrit ou téléphone à celui qui a rédigé la lettre désignant telle femme pour *Reine d'un jour* en lui offrant, ainsi qu'à sa candidate, l'occasion de se rendre au Radio City Music Hall de New York, où elle fera elle-même le récit de sa vie. Si elle se débrouille bien pendant cette audition, Jack Bailey la sélectionne avec deux autres candidates pour une émission donnée, peut-être la semaine suivante, ce qui leur vaut à tous de retourner à New York pour raconter leur histoire en direct à la télévision. Ainsi donc, chaque jour, en rentrant à la maison, Earl demande à Louise et à George, qui reviennent normalement de l'école une heure avant lui, s'il y a du courrier pour lui, une lettre. Vous êtes sûrs ? Rien ? Pas d'appel téléphonique non plus ?

— De qui est-ce que t'attends des nouvelles, beau chéri, de ta *petite amie* ? ricane George avec ses dents maculées de beurre de cacahuètes et de miettes de pain de mie.

— Va te faire voir, grogne Earl qui fonce vers sa chambre où il se débarrasse de son blouson, de ses livres, de son équipement de hockey.

Il lui apparaît de plus en plus clairement que s'il existe une chose telle que le succès, il est, lui, en plein dans l'échec. S'il existe une chose telle qu'un gagnant, il est, lui, un perdant. C'est moi qui devrais passer dans cette putain d'émission, se dit-il. Se laissant tomber sur son lit à plat ventre, il pense qu'il aimerait continuer à tomber, comme dans un puits sans fond ou un trou de mine, dans l'obscurité et la tiédeur, jusqu'à se perdre et, dans son innocence finale, disparaître, disparaître, disparaître. Mais il s'endort vite et rêve d'une partie de hockey où il pousse le palet, il remonte tout le terrain sur la droite en creusant tout près des planches, les lames de ses patins lancent des éclairs au moment où il coupe autour du filet, les fins débris de glace lui font des ailerons blancs, et puis, lorsqu'il ressort de l'autre côté il regarde sur le sol devant lui mais ne trouve plus le palet : celui-ci s'est évanoui, il s'est volatilisé derrière lui, dans le beau virage, dans la poussière de glace, dans l'entaille des patins et dans le grand arc décrit par la crosse. Il freine, fait demi-tour, part en arrière à la recherche du petit disque noir.

Au bruit de la porte d'entrée qui se referme, un claquement doux, comme si quelqu'un cherchait à pénétrer dans l'appartement sans se faire entendre, Earl s'extrait de son rêve et perçoit des voix dans la cuisine, celles de George, de Louise et de leur mère :

— Salut, maman. On se faisait un goûter, des sandwiches au beurre de cacahuètes.

— Maman, George veut pas me donner...

— Ne mange pas sur le couteau, comme ça !

— Excuse-moi, j'faisais rien que...

— Tu m'as entendu, jeune homme, ne réponds pas !

— Oh la la, j'faisais rien que...

— Ça m'est *égal*, ce que tu faisais !

Elle a la voix qui tremble et qui monte rapidement aussi bien en volume que dans les aigus. Earl sort de son lit, puis il pénètre dans la cuisine en souriant et en attirant sur lui l'attention des autres. C'est lui qui est le plus grand, dans cette pièce, c'est le seul à sourire avec un visage et une attitude détendus, aimables, sociables ; c'est la normalité même qui pince fraternellement l'épaule de George, qui ébouriffe les cheveux châtains de Louise, qui salue sa mère d'un signe de tête et lance :

— Hé, tu reviens de bonne heure, maman. Qu'est-ce qu'y a eu ? Ils vous ont accordé le reste de la journée ?

C'est alors qu'il remarque son visage blanc, noué, tiré en une grimace cadavérique, ses yeux bleu pâle égarés qui ne regardent rien, qui roulent de bas en haut et il dit :

— Hé, maman, qu'est-ce qui se passe ? Tu vas bien ?

Elle a le visage qui se décompose, qui passe du sec au mouillé, du blanc au rouge, et elle se met à pleurer bruyamment, à agiter les lèvres, à tordre ses mains devant elle comme une tricoteuse devenue folle. « O-o-o-o-h ! » gémit-elle, et Louise et George fondent à leur tour en larmes. Ils se précipitent vers elle et l'entourent de leurs bras en pleurant et en l'implorant de se calmer pendant qu'Earl, horrifié, se cale sur sa chaise et les regarde tous les trois s'entortiller les uns dans les autres comme des serpents qui se nouent et se dénouent.

— Arrêtez ! hurle-t-il soudain. Arrêtez ! Tous !

Il lance un grand coup de poing sur la table.

— Arrêtez de pleurer, tous les trois !

Et ils lui obéissent, d'abord George, puis leur mère, puis Louise qui continue à dévisager fixement sa mère. George a baissé les yeux vers ses pieds, il a honte. Leur mère fixe le visage d'Earl d'un air implorant, elle attend, elle espère, comme si elle savait qu'il organisera tout.

D'une voix calme, Earl déclare :

— Maman, raconte-moi ce qui s'est passé. Mais dis-le lentement, tu comprends, et ça sortira comme il faut. Alors on pourra tous en parler, d'accord ?

Elle fait oui de la tête. Lentement George dénoue ses bras du cou de sa mère et s'éloigne jusqu'au mur opposé où il reste debout à regarder en bas, par la fenêtre, la cour vide et nue. Louise glisse son visage contre sa mère et elle renifle doucement.

— J'ai... j'ai perdu mon emploi. On m'a renvoyée aujourd'hui, dit leur mère. Et ce n'était pas ma faute, ajoute-t-elle en recommençant à pleurer avec Louise qui s'y met aussi tandis que George à la fenêtre éclate en sanglots qui secouent ses frêles épaules.

— Attendez ! beugle Earl. Une seconde, maman, *raconte*. Ne pleure pas ! ordonne-t-il.

Elle frissonne, se reprend et poursuit.

— J'ai... j'ai eu des problèmes ce matin, tout un tas de fiches que je devais classer la semaine dernière ont été perdues. Et tout le monde courait partout comme des dératés pour les retrouver, parce que dessus il y avait tous les chiffres des ventes de l'an dernier ou quelque chose comme ça, j'en sais rien. En tout cas, c'était important et c'est moi qu'on a accusée de les avoir perdues. C'est faux ! Mais personne n'a pu les retrouver, et à la fin elles sont réapparues sur le bureau de Robbie, au service des expéditions, et ça pouvait donc pas être moi parce que je vais jamais dans ce service. Mais ça fait rien, Rose a dit que c'était moi qui étais responsable parce que c'est elle la chef comptable et que c'était elle la dernière à se servir de ces fiches, et c'était elle qui se faisait engueuler parce qu'on en avait besoin là-haut et... bon, vous comprenez, on me gueulait dessus, et encore, et même après le déjeuner... alors je sais pas, j'ai commencé à me sentir mal comme si j'allais encore tomber dans les pommes. Alors je crois que j'ai eu peur et je me suis mise à parler à toute vitesse, et Rose m'a emmenée voir l'infirmière, et c'est alors que j'ai eu une absence. Rien que quelques secondes, et quand je me suis sentie un peu mieux Rose m'a dit que je ferais peut-être bien de rentrer chez moi le reste de la journée. C'était d'ailleurs ce que je voulais faire. Mais quand je suis remontée prendre mon sac, mon manteau et mon déjeuner – parce que je n'avais même pas pu manger mon sandwich tellement j'étais énervée –, Mr Shandy m'a appelée dans son bureau...

Elle fait un petit sourire tordu, plein d'impuissance et de confusion, puis elle poursuit rapidement.

— Mr Shandy m'a dit que je devrais peut-être me prendre un bon congé. Deux semaines de congé maladie payé, a-t-il dit, et pourtant je ne travaille ici que depuis six mois. Il a ajouté que ça me donnerait le temps de chercher un autre travail, un emploi qui me causerait moins de tracas. Alors je lui ai dit, est-ce que vous me mettez à la porte ? Oui, c'est ça, a-t-il répondu, juste comme ça. Mais il vaudrait beaucoup mieux pour vous, a-t-il continué, que vous partiez pour des raisons médicales.

Earl relâche lentement sa respiration. Il a retenu son souffle pendant qu'elle parlait, bien qu'il ait su dès la toute première phrase comment ça finirait. Se penchant en avant, il prend les mains de sa mère dans les siennes et les caresse comme s'il s'agissait d'un oiseau blessé. Il ne sait pas ce qui va arriver, désormais, mais il n'a pas peur. Pas vraiment. Il se rend pourtant compte qu'il devrait être terrifié, et lorsqu'en lui-même il dit : Je devrais être terrifié, il répond en faisant la simple remarque que ce n'est pas la pire des choses. Le pire, ce serait que l'un d'entre eux meure ou qu'ils meurent tous. Et comme c'est encore un enfant, ou du moins suffisamment un enfant pour qu'il ne croie pas à la mort, il sait que personne dans sa famille ne va mourir. C'est là un réconfort secret qu'il ne peut cependant partager avec aucun autre membre de sa famille. Son frère et sa sœur, étant encore tout à fait enfants, ne peuvent déjà savoir que la mort est la pire des choses qui puisse leur échoir ; ils croient assister au pire en cet instant, avec le renvoi de leur mère, et c'est pourquoi ils pleurent. Quant à sa mère, qui n'est plus du tout une enfant, elle ne peut pas croire comme Earl que le pire n'arrivera pas, car ce qui se passe est trop semblable à la mort et pourrait y conduire tout droit ; c'est pourquoi elle pleure. Seul Earl peut refuser de pleurer. Et il le fait.

Plus tard, dans la chambre qu'elle partage avec sa fille, leur mère dort tout habillée, étendue sur le lit à deux places. La nuit tombe, et pendant que George et Louise regardent la télévision dans l'atmosphère sinistre du séjour, Earl écrit :

21 novembre 1953

Cher Jack Bailey,

Il se peut que ma première lettre vous disant pourquoi ma mère devrait être Reine d'un jour ne vous soit pas parvenue ou que je ne l'aie pas écrite assez bien pour que vous vouliez faire venir ma mère dans votre émission. Mais je me suis dit que j'allais réécrire quand même, avec votre permission, et vous informer de certaines choses que j'ai omises dans cette première lettre. Je mentionnerai aussi quelques-unes des choses que j'ai dites dans cette lettre, au cas où vous ne l'auriez pas reçue pour une raison ou une autre (vous connaissez la poste). Je veux aussi mentionner quelques faits nouveaux qui ont rendu la vie de ma mère encore plus dure qu'avant.

D'abord, et bien qu'on soit à quelques jours seulement de Thanksgiving, mon père qui nous a quittés au mois de mai dernier, comme vous le savez, ne nous a pas fait signe pour les vacances ni proposé d'aide d'aucune sorte. Ça nous met en colère bien que nous n'en parlions pas beaucoup parce que les petits enfants ont très envie de pleurer quand ils y pensent, tandis que ma mère et moi estimons qu'il vaut mieux ne pas y penser. Nous ne savons même pas comment écrire une lettre à mon père, bien que nous connaissions le nom de la société pour laquelle il travaille à Holderness (une ville du New Hampshire, plutôt loin d'ici) et ses sœurs pourraient nous donner son adresse si nous la leur demandions, mais on ne le fera pas. On doit avoir sa fierté, comme dit ma mère. Et elle en a plein.

On se débrouillera pour Thanksgiving à cause de l'église St Joseph. Nous y allons de temps en temps, c'est là que j'ai été confirmé et que mon frère George (âgé de dix ans) a fait sa première communion l'an dernier, et que ma sœur Louise (âgée de six ans) fait son catéchisme. St Joe (comme on l'appelle) a des dindes et d'autres aliments pour les gens qui n'ont pas les moyens de s'en acheter, alors on se débrouillera si ma mère y va et dit qu'elle n'a pas de quoi acheter une dinde pour sa famille pour Thanksgiving. Ce qui m'amène aux faits nouveaux.

Ma mère vient de se faire renvoyer de son emploi d'aide-comptable à la tannerie. Ce n'était pas de sa faute ni pour quelque chose qu'elle avait fait. Ils l'ont renvoyée parce qu'elle a des crises nerveuses de temps à autre quand elle est trop sous pression, ce qui arrive souvent ces jours-ci à cause de mon père et de nous aussi les enfants et du reste. Elle a deux semaines de paie, mais c'est notre seul argent jusqu'à ce qu'elle retrouve du travail. Demain elle a décidé d'aller en ville à tous les magasins pour chercher un emploi de vendeuse maintenant que Noël approche et que les boutiques prennent de l'aide supplémentaire. Mais pour l'instant on n'a pas assez d'argent pour des choses comme la dinde de Thanksgiving ou les tartes, et on ne peut pas aller dans le Massachusetts dans la famille de ma mère, chez ma tante Dot, ma tante Leona et mon oncle Jerry, comme on faisait, parce que (comme vous savez) la banque est venue récupérer la voiture. Et les sœurs de mon père et les autres qui venaient nous voir pour Thanksgiving, parfois, ont pris le parti de mon père dans cette histoire à cause des mensonges qu'il a dits sur nous, et maintenant ils ne nous parlent même plus.

Je sais qu'il y a plein, plein de gens qui sont aussi pauvres que nous et que beaucoup d'entre eux sont en plus malades ou paralysés par la polio et d'autres maladies terribles. Mais je crois quand même que ma mère devrait être Reine d'un jour pour d'autres raisons.

Parce que même si elle est pauvre et qu'elle s'est fait

renvoyer, qu'elle a des crises et que parfois elle s'évanouit, c'est une femme fière. Et même si mon père est parti en laissant toutes ses responsabilités derrière lui, elle est restée ici avec nous. Et malgré tous ses ennuis et tracas, elle prend vraiment bien soin de ses enfants. Il suffit de la regarder dans les yeux pour le savoir.

Merci beaucoup de m'avoir écouté et de prendre ma mère en considération pour l'émission de télévision *Reine d'un jour*.

Avec mes meilleures salutations,

Earl Painter.

La veille de Thanksgiving, leur mère est engagée à partir du lendemain des fêtes. Elle va emballer les cadeaux au magasin Grover Cronin, dans Moody Street, et par conséquent elle n'éprouve pas de honte à accepter une dinde et un sac d'aliments venant de St Joe. « Puisque je travaille, je ne considère pas cela comme de la charité mais comme une sorte de prêt », explique-t-elle à Earl pendant qu'ils traversent à pied les quatre rues qui les séparent de l'église.

Il fait sombre bien qu'on soit encore en fin d'après-midi, et il fait froid, presque assez pour qu'il neige, se dit Earl. Du coup il songe à Noël, ce qui le plonge dans de telles appréhensions et de tels frissons qu'il en revient aussitôt à maintenant, à l'instant présent, à cette course qu'il effectue dans une rue calme avec sa mère au corps fragile et minuscule, aux maisons qu'ils dépassent – des bâtiments miteux comme le leur, trois étages dans une carcasse en bois avec, devant, un porche très large, une espèce d'énorme poitrine qui surplombe la rue étroite. Derrière, les lumières des cuisines sont allumées, des mères y font bouillir le souper pour des gosses qui, assis en tailleur sur le sol du séjour, regardent *Kukla, Fran et Ollie*, tandis que les pères remontent à pas lourds des fabriques près de la rivière ou rentrent en voiture d'une des usines des Heights, s'ils ne sont pas en train de revenir à pied d'un des magasins de la ville, A & P, J. C. Penney's, Sears – les maisons de familles ordinaires, de gens exactement comme eux. Mais avec une distinction cruciale, car il manque un élément essentiel à la famille Painter, une clé de voûte, ce qui, aux yeux d'Earl, rend toutes les autres familles totalement différentes de la sienne ; et pendant cet instant d'angoisse, il les envie. Il aimerait s'engager dans l'allée d'une maison inconnue, monter jusqu'à la porte, l'ouvrir et parcourir le long couloir sombre et plein de bonnes odeurs jusqu'à la cuisine où il dirait bonsoir en jetant son manteau sur une chaise, puis il s'assiérait pour le repas, entendrait son père grogner en lui disant d'aller suspendre son manteau et se laver les mains avant de se mettre à table, sa mère lui demander comment ça s'est passé dans ses cours aujourd'hui – et l'entraînement de hockey, ç'a été ? –, sa sœur l'interrompre pour montrer sa poupée cassée à leur père, s'il veut bien la réparer – ce qu'il ferait à table, à côté de son fils en attendant d'être servi – et ils seraient tous détendus, heureux, soulagés parce que demain est un jour férié, un jour à la maison en famille, sans travail, sans école, sans entraînement de hockey. Demain, son père, son frère et lui iront tous les trois au match de football de la *high school* et ils seront de retour à deux heures pour mettre le couvert.

A présent, sa mère lui dit :

— Ce boulot chez Grover Cronin ? C'est seulement... c'est du temporaire, tu sais.

Elle parle comme si elle avouait un secret plutôt honteux.

— Après Noël je dois partir.

Earl enfonce un peu plus ses mains dans les poches de son blouson et cache son menton à l'intérieur du col.

— Ouais, je pensais bien.

— Et la paie, la paie, c'est pas grand-chose. Presque rien. J'ai fait le compte, pour une semaine et puis un mois, et j'arrive à bien moins que ce que j'avais calculé avec toi comme budget pour le loyer, la nourriture et tout ça. Pour ce qu'il nous faut. C'est moins que ce qu'il nous faut. T'occupe même pas de Noël. On en fera un jour comme les autres.

Ils s'arrêtent une seconde au bord du trottoir, attendent qu'une voiture passe et prennent à droite. Des ormes se dessinent en colonnes sombres au-dessus d'eux ; des branches sans feuilles forment de grands arcs et jettent des ombres enchevêtrées sur le trottoir. Earl entend des claquements de pas sur la chaussée, ses grandes enjambées mal cadencées qui se mêlent au pas rapide et court de sa mère dans un rythme bégayant.

— Mais, dit-il, tu es quand même obligée de prendre ce boulot. Je veux dire, il n'y a rien d'autre, n'est-ce pas ? Pas maintenant, en tout cas. Peut-être bientôt, quand même. Dans quelques jours, si quelque chose se présente dans un des autres rayons, les robes ou un truc comme ça. Ou alors la comptabilité. On ne sait jamais, maman.

— Non, tu as raison. On a des surprises. Tout de même...

Elle pousse un soupir et chasse le nuage que forme sa respiration devant sa bouche.

— Mais je suis contente de la dinde et de ces provisions. On passera quand même un bon Thanksgiving, gazouille-t-elle.

— Ouais.

Ils restent silencieux quelques instants en continuant à marcher, puis elle dit :

— J'ai parlé au père LaCoy, Earl. Tu sais, à propos de... de nos problèmes. Je lui ai demandé conseil. C'est un brave homme, pas seulement un curé, tu sais, un homme gentil. Il connaît ton père. Il le connaît depuis des années et des années, depuis qu'ils étaient ensemble dans le secondaire. Il m'a dit que même à cette époque ton père était un buveur terrible. Et il a dit... d'autres choses, il a dit des choses, l'autre matin, et j'y pense toujours.

— Quel matin ?

— Avant-hier, de bonne heure. Pendant que tu livrais tes journaux. Il fallait que je parle à quelqu'un, j'étais tellement sur les nerfs, et je me faisais tant de soucis, il fallait que je parle à quelqu'un ici, à St Joe, parce que de toute façon je devais me renseigner pour la dinde. Alors je suis venue et il disait la première messe. Je suis restée et on a parlé un peu après. C'est un prêtre très gentil, je l'aime bien. J'ai toujours aimé le père LaCoy.

— Bon, et qu'est-ce qu'il a dit ?

Earl devine déjà ce qu'a raconté le prêtre et il se recroqueville encore plus dans son blouson jusqu'à l'endroit où il a l'impression que son être intérieur s'est durci comme un lingot, s'est fait dense et froid, au centre absolu de son corps.

Devant eux, au bout du pâté de maisons se dresse l'église paroissiale St Joseph, un édifice vaste et trapu avec un clocher court et large, construit à la fin du siècle dernier en pierre jaune pâle extraite d'une carrière des Heights et transportée l'hiver en traîneau sur la rivière.

— Le père LaCoy pense que ton père et moi devrions essayer de nous remettre ensemble. Que nous devrions prendre un nouveau départ, en quelque sorte.

— Et tu trouves qu'il a raison, ajoute Earl.

— Bon, pas vraiment. C'est pas tout à fait comme ça. Je veux dire, il sait bien ce qui s'est passé. Il est au courant pour ce qui est de ton père, je le lui ai dit, mais il le savait déjà. Je lui ai dit comment ça se passe, et il m'a répondu que ce n'est pas juste que nous continuions comme ça, sans père et tout ça. Alors il a suggéré d'organiser une rencontre dans son bureau à l'église, une rencontre entre moi et ton père, comme ça on pourrait peut-être discuter à fond quelques-uns de nos problèmes. Et, a-t-il ajouté, peut-être faire des compromis.

Earl a presque une tête de plus que sa mère, mais soudain, pour la première fois depuis le départ de son père, il se sent petit, à nouveau un enfant sans défense, dépendant, tiré dans des directions mystérieuses par les besoins et les désirs obscurs des adultes.

— Ouais, mais comment se fait-il... comment se fait-il que le père LaCoy croie que papa va seulement l'écouter ? Il ne *veut* pas de nous !

— Je sais, je sais, murmure sa mère. Mais que puis-je faire ? Que puis-je faire d'autre ?

Earl a cessé de marcher, il crie après sa mère comme un chien qui aboierait au bout de sa laisse.

— Il ne peut même pas joindre papa ! Il ne sait même pas où est papa !

Elle s'arrête et parle d'un ton soutenu.

— Mais si, il peut le trouver. Je lui ai dit où papa travaillait et je lui ai donné le nom de McGrath et compagnie ainsi que le numéro de tante Ellie. Alors il peut le joindre s'il le souhaite. C'est un prêtre.

— Un prêtre peut le joindre mais sa propre femme et ses enfants en sont incapables !

Sa mère est immobile, à présent, et elle regarde son fils avec une dureté dans le visage qu'il ne se rappelle pas avoir déjà vue. Elle lui lance :

— Tu ne comprends pas. Je sais combien tout cela a été dur pour toi, Earl, toute l'année et même avant avec les bagarres. Et puis quand ton père est parti. Mais il faut que tu comprennes un peu ce que ça a été pour moi aussi. Je ne peux pas... je ne peux pas faire ça toute seule comme ça.

— Est-ce que tu aimes papa ? exige-t-il de savoir. Est-ce que tu l'aimes ? Après... après tout ce qu'il a fait ? Après qu'il t'a frappée comme il l'a fait plein de fois, et les engueulades et tout ça, et ses soûleries et après le pire, nous avoir abandonnés de cette façon ! Nous avoir abandonnés et s'être tiré avec cette bonne femme ou je sais pas comment il l'appelle ! Sans envoyer un sou ! T'obliger à trouver du travail et nous les gosses qui rentrons de l'école avec personne à la maison. Maman, il nous a *laissés tomber* ! Tu ne t'en rends pas compte ? Il nous a *laissés tomber* !

Earl pleure, à présent. Avec ses bras maigres serrés autour de sa poitrine, des larmes qui lui coulent le long des joues, le garçon se tient debout, les jambes droites, tout raide sur le trottoir dans l'éclat doré du réverbère, et sur sa figure mouillée les ombres des ormes font comme des pattes d'araignées. Il se met à crier :

— Je le *déteste* ! Je le déteste, et je veux qu'il ne revienne jamais ! Si tu le laisses revenir, je te le jure, je me tire ! Je partirai !

Sa mère répond :

— Oh non, Earl, tu ne parles pas sérieusement.

Elle s'avance pour le prendre dans ses bras, mais il se recule avec violence.

— Non ! Je suis sérieux ! Si tu le laisses rentrer chez nous, je pars.

— Earl, mais où irais-tu ? Tu n'es qu'un gosse.

— Maman, je t'en supplie, ne me traite pas comme ça. Y a plein d'endroits où je peux aller, t'inquiète pas. Je peux aller à Boston, je peux aller en Floride, je peux aller à plein d'endroits. Il suffit que je fasse du stop. Je ne suis plus un gosse, déclare-t-il en se ressaisissant et en la regardant de haut.

— Tu ne vas pas me dire que tu *détestes* ton père ?

— Si, maman. Si, je le déteste. Et toi aussi tu devrais le détester. Après tout ce qu'il t'a fait.

Ils restent un instant sans rien dire, en face l'un de l'autre, chacun plongeant son regard dans les yeux bleu pâle de l'autre. C'est le fils de sa mère, il a son visage, pas celui de son père. Earl et sa mère ont les mêmes yeux tristes tombant vers le bas, semblables à des larmes, la même bouche rouge foncé, la même voix claire, et maintenant, en cet instant, ils partagent le même supplice, une douleur qui vous saigne à blanc et ne peut être calmée que par un mensonge, un démenti.

— D'accord, dans ce cas, déclare-t-elle. Je le dirai au père LaCoy. Je lui dirai que je ne veux pas parler à ton père, que c'est allé trop loin. Je lui dirai que je vais demander le divorce.

Elle ouvre ses bras et son fils fait un pas en avant pour s'y blottir. Au-dessus de sa tête, les yeux fermés de toutes ses forces, il s'accroche à sa minuscule mère et sanglote comme s'il venait d'apprendre que son père était mort.

— Je ne sais pas quand je ferai les démarches pour le divorce, Earl, lui confie sa mère, mais je les ferai. Ça ira. Il le faut. D'accord ? demande-t-elle comme si elle s'adressait à un bébé incapable de comprendre ses paroles.

Il approuve de la tête.

— Ouais... ouais, ça ira, répète-t-il.

Ils se dégagent et avancent lentement vers l'église.

12 décembre 1953

Cher Jack Bailey,

Oui, c'est à nouveau moi et c'est ma troisième lettre pour vous demander de faire de ma mère, Adele Painter, une Reine d'un jour. Les choses sont bien pires que la dernière fois que je vous ai écrit. J'ai dû abandonner l'équipe de hockey pour pouvoir livrer encore d'autres journaux l'après-midi parce que le travail de ma mère chez Grover Cronin est payé au plus bas possible et ne suffit pas pour nos factures. Mais ça va, c'est seulement le premier cycle du collège, alors ce n'est pas aussi important que ce le sera l'an prochain. C'est pourquoi j'en fais pas une affaire.

Ma mère n'a pas eu de crises, récemment, mais elle est toujours très énervée, elle pleure beaucoup, elle crie beaucoup après les gamins pour un rien parce qu'elle se fait tellement de souci pour l'argent et tout ça. Cette année on a dû aller chercher nos manteaux et nos bottes d'hiver dans les dons de l'église St Joseph, et ma mère a beaucoup pleuré pour ça. Maintenant que Noël est si proche tout lui rappelle à quel point nous sommes pauvres, même son travail qui consiste à emballer des cadeaux. Elle est obligée de rester debout six jours et trois soirées par semaine, et du coup ses varices sont bien pires qu'avant, alors quand elle rentre elle est presque toujours obligée d'aller droit au lit.

Mon frère George rentre maintenant après l'école et s'occupe de Louise jusqu'à ce que j'aie fini de livrer les journaux et que je revienne nous préparer le souper parce que ma mère est d'habitude au travail à cette heure. Nous ne sommes pas trop tristes parce que nous sommes ensemble et que nous nous aimons tous, mais c'est souvent dur de se sentir heureux, surtout à Noël.

Ma mère a dû donner plus de la moitié de sa paie d'une semaine comme avance pour un avocat qui va l'aider à divorcer de mon père et faire en sorte que le tribunal l'oblige à verser de l'argent pour ses enfants, mais l'avocat a dit qu'il faudra peut-être plus de deux mois avant de recevoir le moindre paiement, et le divorce ne peut pas être prononcé avant juin prochain. L'avocat a aussi envoyé une lettre à mon père pour lui faire peur et le faire payer un peu. Mais jusqu'ici ça n'a rien donné. Il semble donc qu'elle a dépensé cette somme avec l'avocat pour rien. On dirait que tout va de plus en plus mal. Si mon père revenait, les problèmes d'argent seraient terminés.

Bon, il faut que je termine à présent. Comme c'est la troisième fois que j'écris pour proposer ma mère comme Reine d'un jour et que jusqu'ici je n'ai pas reçu de réponse, je suppose que je peux dire sans me tromper que vous n'avez pas trouvé mon histoire assez triste pour la faire passer dans l'émission. Ça va parce qu'il y a des centaines de femmes en Amérique dont l'histoire est bien plus triste que celle de ma mère et elles méritent de gagner des prix dans votre spectacle et d'être couronnées Reines d'un jour. Mais ma mère mérite elle aussi cette chance, tout autant que la dame avec les jambes amputées que j'ai vue et que la dame dont la fille avait une maladie du sang très rare et dont le mari est mort l'an passé. Ma maman a besoin d'être reconnue tout autant que ces autres dames ont besoin de ce dont elles ont besoin. C'est pourquoi je continue à vous écrire comme ça. Je crois quand même que ce sera ma dernière lettre. J'ai pas besoin d'un dessin, comme on dit.

Avec mes meilleures salutations,

Earl Painter.

Le vendredi précédant la Noël, Earl, George, Louise et leur mère sont assis dans le séjour à demi éclairé. George est étalé sur le sol, les autres sur le canapé, et ils mangent tous du pop-corn dans un bol posé sur les genoux de Louise en regardant le *Jackie Gleason Show*. C'est alors que le téléphone sonne.

— Prends-le, George, ordonne Earl.

Reggie Van Gleason III fait virevolter sa cape et sa canne à travers l'écran devant eux tandis que le téléphone continue à sonner.

— Prends-le toi-même, répond George. C'est toujours moi qui y vais et c'est jamais pour moi.

— Réponds, Louise, dit leur mère en éclatant de rire devant une des mimiques de Gleason, un carillonnement de la voix dans les aigus qui s'arrête brusquement, un demi-gloussement qui pousse les deux garçons, comme d'habitude, à se regarder d'un air gêné en faisant de gros yeux.

Elle est en pantoufles, avec son peignoir en flanelle, elle fume une cigarette et boit de la bière dans un verre qu'elle a rempli avec la bouteille d'un litre posée par terre à côté d'elle.

Traversant devant les autres, Louise coupe jusqu'à la table d'angle près de la fenêtre et soulève le combiné. Sa figure, d'ordinaire déjà sérieuse, s'assombrit soudain puis s'illumine et ses yeux brillent. Earl l'observe et devine qu'elle est en train d'écouter. Elle approuve de la tête, comme si son interlocuteur pouvait la voir, puis elle dit « Oui, oui », mais personne, à part Earl, ne fait attention à elle.

Au bout d'un moment l'enfant pose doucement le combiné et revient sur le canapé.

— C'est papa, annonce-t-elle. Il dit qu'il veut parler aux garçons.

— Je veux pas lui parler, lâche George en fixant droit devant lui la télévision.

Leur mère cligne des yeux, ouvre et ferme la bouche, son regard va de George à Louise, puis à Earl avant de revenir à Louise.

— C'est papa ? demande-t-elle. Au téléphone ?

— Ouais, ouais. Il dit qu'il veut parler aux garçons.

Earl se croise les bras sur la poitrine et se cale dans le canapé. Jackie Gleason danse délicatement sur la scène, c'est un homme gros et gracieux avec un rictus.

— Earl ? demande la mère en soulevant les sourcils.

— Rien à cirer.

La femme se lève lentement et se dirige vers le téléphone. Leur mère parle à leur père ; les trois enfants observent attentivement. Elle dit : « Nelson ? » et hoche la tête. Elle écoute et de temps à autre elle ouvre la bouche pour dire quelque chose, la refermant dès qu'elle est interrompue.

— Oui, oui, dit-elle, et oui, ils sont tous les deux ici.

Elle écoute encore et répond :

— Oui, je sais, mais il faut que je te dise, Nelson, les enfants... les garçons, ils sont pas très à l'aise pour te parler. Peut-être... peut-être pourrais-tu envoyer d'abord une lettre ou enfin... C'est un peu... dur pour eux. Ils ont été très secoués, vois-tu, surtout ces temps-ci avec les fêtes. On est tous très embêtés, on a des soucis. Et comme j'ai perdu mon boulot et que je dois travailler chez Grover Cronin...

Elle hoche la tête, écoute, avec un visage impassible.

— Oh, pour sûr, ce serait très bien. Ç'aurait été encore mieux il y a longtemps, mais passons. C'est sûr qu'on en a besoin, Nelson.

Elle écoute à nouveau, plus longuement cette fois, et sa figure se concentre et reprend de l'énergie.

— Oui, oui, je sais. Bon, je verrai, je vais encore leur demander. Attends un instant, dit-elle, et, posant sa main sur l'écouteur, elle répète : Earl, ton père veut te parler. Il insiste.

Elle a un petit sourire pâle.

Earl se tortille sur le canapé, croise et décroise ses jambes, détourne son regard de sa mère vers le mur en face.

— Je n'ai rien à lui dire.

— Oui, mais... je crois qu'il a des choses, lui, qu'il veut te faire savoir. Ça ne peut pas faire de mal, de le laisser dire.

En silence, le garçon se lève du canapé et traverse la pièce jusqu'au téléphone. En lui tendant le combiné, sa mère sourit d'un air si satisfait qu'il en est tout étonné et aussitôt furieux.

— Allô, fait-il.

— Bonjour, mon grand. Comment vas-tu, mon fils ?

— Bien.

— Parfait. Ça fait un bout de temps, eh ?

— Ouais, pas mal.

— Bon, j'en suis désolé, tu sais, que ça fasse si longtemps, mais j'ai passé une mauvaise période moi aussi. J'ai été mis en congé, j'ai pas pu travailler presque tout l'été à cause de cette maudite grève. T'as vu dans les journaux, non ?

— Non.

— Et la livraison des journaux, ça marche ?

— Ça marche.

— Hé, Earl, écoute-moi. Je sais que ç'a été dur pendant un temps, crois-moi, je suis au courant. Je sais ce que vous avez traversé. Sans blague. Mais ça va aller mieux, les choses vont aller mieux, maintenant. Et ce que je veux, c'est rattraper ça avec vous un peu, ce que vous avez enduré ces six derniers mois ou à peu près. Je veux rattraper ça un peu avec vous, avec toi et Georgie et Louise. Avec ta mère aussi. Si tu me laisses. Qu'est-ce t'en dis ?

— Quoi ?

— Qu'est-ce t'en dirais si tu me laissais essayer de rattraper un peu les choses avec vous ?

— Bien sûr. Pourquoi pas ? Essaie.

— Hé, Earl, écoute. T'as une drôle d'attitude, là. Il faudra qu'on s'en occupe, pas vrai ? Une drôle d'attitude, mon fils. C'est comme si les choses elles avaient eu un peu la bougeotte depuis que le vieux est parti. Eh ? Eh ?

— C'est sûr que ça a changé. Qu'est-ce que tu croyais ? Que tout allait rester pareil ?

Earl entend sa voix monter et se mettre à jodler tandis que ses yeux s'emplissent de larmes.

— Non, bien sûr que non, je comprends ça, fiston. Je comprends. Je sais que j'ai fait quelques grosses bourdes cette année, récemment. Surtout avec vous, les gosses, la façon dont je m'y suis pris avec vous. Je l'ai pas fait comme il fallait, vous quitter et tout. C'est dur, Earl, de faire ces choses-là comme il faut. J'ai beaucoup appris. Mais écoute, hé, on a tous droit à une deuxième chance, pas vrai ? Pas vrai ? Même ton vieux ?

— Je suppose. Ouais.

— C'est sûr. Tu l'as dit, appuie-t-il avant d'ajouter qu'il aimerait bien passer le lendemain après-midi pour les voir, les voir tous, et porter quelques cadeaux de Noël. Vous avez déjà votre arbre ?

Earl n'arrive qu'à exprimer d'une voix ténue et brisée :

— Non, pas encore.

— Bon, eh bien c'est parfait, parfait. Parce que j'en ai un à l'arrière de ma camionnette, un de deux mètres cinquante que j'ai coupé moi-même cet après-midi. Il y a plein d'arbres dans les bois, ici, à Holderness. Pas beaucoup de gens et plein d'arbres. En tout cas je m'en suis pris un de deux mètres et demi, du pin d'Ecosse. C'est les meilleurs. Qu'est-ce t'en dis ?

— Ouais, ça paraît bien.

Son père continue son flot de paroles pendant qu'Earl sent sa poitrine se nouer et des pleurs se répandre sur ses joues. L'homme répète plusieurs fois qu'il est vraiment désolé de la façon dont il a organisé les choses ces derniers mois, mais ç'a été dur pour lui aussi, et c'est même dur pour lui de le dire parce qu'il n'a jamais été un bon causeur mais il sait bien qu'il n'a pas non plus été bon comme père ces derniers temps. Tout ça c'est fini maintenant, fini et terminé, affirme-t-il à Earl ; c'est du passé. Il va devenir un autre homme, maintenant, un homme nouveau. Il vient de tourner une nouvelle page, assure-t-il. Et Noël lui paraît être la période idéale pour un nouveau commencement, c'est la raison pour laquelle il les a appelés ce soir et il voudrait passer demain après-midi avec des cadeaux et un arbre qu'il installerait et décorerait avec eux comme au bon vieux temps.

— Ça te dirait ? Qu'est-ce t'en penses, mon gars ?

— Papa ?

— Ouais, bien sûr, mon gars. Quoi ?

— Papa, est-ce que tu vas essayer de revenir avec maman ?

Earl regarde fixement sa mère en prononçant ces mots, et bien qu'elle fasse semblant de regarder Jackie Gleason il sait bien qu'elle ne perd pas la moindre de ses paroles. De même que George et sans doute également Louise.

— Si je vais essayer de revenir avec votre mère, hé ?

— Ouais.

— Eh bien... c'est une question difficile, mon garçon. Tu m'en as posé une dure.

Il reste silencieux quelques secondes pendant lesquelles Earl l'entend boire une gorgée et tirer profondément sur une cigarette.

— J'vais te dire, mon gars. La vérité, c'est qu'elle veut pas que je revienne. Ça tu devrais déjà le savoir. Je suis parti parce qu'*elle* voulait que je vire, mon gars.

J'ai fait quelques bêtises, c'est sûr, et même pas mal, mais je voulais pas vous quitter, vous autres. Non, depuis le début c'est elle qui fait la mise en scène, pas moi.

— Papa, c'est un mensonge.

— Non, mon fils. Non. On s'est disputés beaucoup, ta mère et moi, comme toujours les gens mariés. Mais je voulais pas la quitter ni vous les gosses. C'est elle qui m'a dit de partir. Et maintenant, regarde-moi ça : c'est *elle* qui porte toutes ces accusations pour le divorce, pas moi. Tu devrais voir les trucs dont elle m'accuse.

— Qu'est-ce que tu fais de... du fait qu'elle doive se protéger ? Tu sais ce que je veux dire. Je veux pas entrer dans les détails, mais tu sais bien ce que je veux dire. Et qu'est-ce que tu fais de ta *petite amie* ? demande-t-il avec un ricanement.

Son père reste muet un instant. Puis il déclare :

— On voit bien que tu t'es fait une drôle d'attitude depuis que je suis parti. Ecoute, gamin, y a plein de choses dont tu ne sais rien, et y en a encore plus dont tu ne *devrais* rien savoir. Même si tu le crois pas, Earl, tu es encore un gamin. Tu es encore loin d'être un homme. Alors ne fourre pas ton nez là où on ne veut pas de toi et ne te mets pas dans des trucs entre ta mère et moi auxquels tu ne comprends rien de toute façon. Donc tire-toi de ça. Tu m'entends ?

— Ouais, je t'entends.

— Laisse-moi dire un mot à ton frère.

— Il ne veut pas te parler, dit Earl en détournant ses yeux du visage de George pour regarder ses propres pieds.

— Passe-moi ta mère, Earl.

— Aucun de nous ne veut te parler.

— Earl ! crie sa mère. Donne-moi le téléphone, poursuit-elle en se levant du canapé et en tendant la main.

Earl repose le combiné sur l'appareil. Puis il reste

debout devant sa mère, chacun plongeant son regard dans les yeux bleu pâle de l'autre.

— Il ne rappellera pas, dit-elle.

Et Earl répond :

— Je sais.

LES SOUVENIRS DE MA MÈRE, LE MENSONGE DE MON PÈRE ET AUTRES HISTOIRES VÉRIDIQUES

Ma mère me raconte des histoires de son passé : je ne les crois pas, je les interprète.

Elle me dit qu'elle a été la vedette féminine dans le spectacle de dernière année, à Catamount High School, alors que Sonny Tufts tenait le premier rôle masculin. Elle affirme qu'il l'a invitée à la fête donnée pour la troupe, mais comme à ce moment-là elle était amoureuse de mon père, un des machinistes de la pièce, elle a éconduit le garçon qui est devenu un acteur de cinéma célèbre et s'est rendue à cette soirée avec celui qui est devenu menuisier dans le New Hampshire.

Elle m'a soutenu qu'elle connaissait les personnages principaux du roman de Grace Metalious, *Peyton Place*. La nuit même où, dans le livre, la fille avait assassiné son père, elle s'était rendue peu après à une fête de Noël donnée par mes parents à Catamount.

— La fille se comportait bizarrement, a déclaré ma mère. Comme si elle avait pris de la drogue ou un truc comme ça. Et le garçon avec qui elle était, un des Golden, n'a rien fait que se soûler et se déprimer, puis ils sont partis. Le lendemain on a su que la police avait trouvé le père de la fille dans le tas de fumier...

— Le tas de fumier ?

— Elle l'y avait enterré. Et ton père m'a dit de me taire, de ne raconter à personne qu'ils étaient à notre réveillon de Noël. C'est la raison pour laquelle notre fête n'apparaît pas dans le livre ni dans le film qu'ils en ont tiré.

Elle maintient également, en dépit de mes démentis répétés, qu'elle m'a vu interviewé à la télévision par Dan Rather.

Ces trois anecdotes me sont revenues récemment lorsque, en farfouillant dans un tas de vieilles coupures de presse, je suis tombé sur la notice nécrologique de Sonny Tufts. Depuis que je suis adolescent je lis deux journaux par jour, parfois même trois, et je découpe souvent un article qui me plaît pour telle raison obscure ou vite oubliée ; puis je flanque la coupure dans un tiroir de mon bureau, et de temps à autre, à l'improviste, je me laisse aller à parcourir ces articles avant de les jeter. C'est un acte qui m'emplit d'une étrange tristesse, une sorte de sentiment de deuil pour la partie de moi que j'ai perdue, comme si je lisais et jetais de vieux cahiers intimes.

Mais c'est de ma mère que j'étais en train de parler. Elle a grandi, pauvre et belle, à Catamount, petite ville ouvrière du New Hampshire. C'était la plus jeune des cinq enfants d'un tourneur dont la femme était morte (« étouffée par l'os d'une côte de porc » – encore une de ses histoires) quand ma mère avait dix-neuf ans. Cette année-là, 1933, elle a été invitée à l'Exposition universelle de Chicago pour participer à un concours de beauté, mais elle a refusé d'y aller bien qu'elle prétende par ailleurs que mon père s'y est rendu et qu'il a joué de la clarinette dans une fanfare de la Garde nationale. Son père à elle, dit-elle, l'obligea à rester à Catamount pendant l'été pour travailler au magasin Grover Cronin, dans River Street, où elle vendait des robes. Si sa mère n'était pas morte cette année-là, elle aurait pu aller à l'Exposition. « Et qui sait, ajoutait-elle en plaisantant, si ça se trouve tu aurais été le fils de Miss Exposition universelle 1933 à Chicago. »

A vrai dire, je ne sais pas grand-chose de la vie de

ma mère avant 1940, l'année où je suis né et où j'ai commencé à engranger des matériaux pour mes propres histoires. Comme la plupart des gens, je ne prête pas grande attention aux anecdotes qu'on me raconte sur les vies et les incidents qui précèdent l'extraordinaire événement de ma naissance. Ce sont nos propres souvenirs que nous racontons tous, semble-t-il, et que nous entendons. Il en va de même avec mes enfants. J'observe leurs yeux d'adolescents se voiler, leur attention se détourner vers des projets secrets pour leur soirée ou leur week-end, pendant que je montre du doigt les HLM de Perley Street, à Catamount, où j'ai passé mon enfance. Bientôt il sera trop tard, ai-je envie de dire. Bientôt je vivrai moi aussi en exil, retiré du froid comme ma mère à San Diego, seul dans un appartement terne d'une construction en bordure de baie, comptant sur l'indemnité vieillesse et me demandant si j'aurai encore assez d'argent à la fin du mois pour me faire couper les cheveux. Bientôt, il ne vous restera rien d'autre de moi que le souvenir de mes histoires.

Chacun sait que la mort d'un père ou d'une mère est une épreuve terrible. Mais comme nos parents, d'ordinaire, ne font plus partie de notre vie quotidienne depuis des années, la plupart d'entre nous n'en ressentent plus le manque lorsqu'ils disparaissent. Quand mon père est mort, je le voyais encore fréquemment, je parlais avec lui au téléphone presque toutes les semaines, mais il ne m'a pas manqué. Sa mort a pourtant été une chose terrible et continue à l'être aujourd'hui, cinq ans après. Mon père, un alcoolique cynique et déprimé, n'avait pas d'histoires à raconter, mais même s'il en avait eu – son enfance en Nouvelle-Ecosse, la manière dont il avait évincé Sonny Tufts auprès de ma mère, l'Exposition universelle de Chicago où il avait joué de la clarinette – je n'aurais pas écouté. Nul doute que cynique comme il était, et désespérant de pouvoir être un jour aimé, il s'en rendait compte.

La seule histoire contée par mon père à laquelle j'aie prêté une oreille attentive, que j'aie visualisée et gravée dans ma mémoire, il me l'a dite quelques mois avant sa mort. C'est le récit de comment il en est venu à me prénommer Earl. Bien évidemment, quand j'étais enfant je le lui avais demandé, mais il s'était contenté de hausser les épaules et de répondre que c'était un nom qui lui plaisait. Ma mère avait acquiescé à ce haussement d'épaules. Mais un dimanche matin, l'hiver qui a précédé sa mort, trois ans avant sa retraite et la migration qu'il projetait vers le sud en caravane, je me suis trouvé assis en face de lui dans sa cuisine, en train de le regarder vider des verres de whisky Canadian Club et de soda. Il s'est soudain mis à agiter son doigt devant ma figure en disant que je ne savais pas à qui je devais mon prénom.

— Je ne croyais pas le devoir à quelqu'un, ai-je répondu.

— Quand j'étais gosse, a-t-il poursuivi, mes parents essayaient de se débarrasser de moi l'été. Ils m'envoyaient chez mon oncle Earl à Cap-Breton. C'était un célibataire, une sorte d'ermite, et il ne dessoûlait pas la plupart du temps. Mais il jouait du crincrin, du violon. Et il m'adorait. C'était un sacré bonhomme. Et puis, quand j'ai eu à peu près douze ans, je suis devenu assez grand pour passer l'été à travailler, alors on m'a gardé à Halifax. Et je n'ai jamais revu oncle Earl.

Il a fait une pause et il a bu une gorgée. Il portait son pyjama rayé, un peignoir pourpre, des pantoufles, et il fumait des Parliament l'une après l'autre. Sa femme (sa deuxième – ma mère ayant demandé le divorce quand j'avais douze ans à cause de son alcoolisme et de tout ce qui s'ensuivait) s'était dépêchée d'aller au marché dès que j'étais arrivé, comme si elle avait peur de le laisser sans compagnie dans la maison.

— Il est mort quelques années plus tard, a ajouté mon père. On m'a dit qu'il était tombé dans une congère. Evanoui, mort de froid.

J'ai écouté cette histoire et je m'en suis souvenu aujourd'hui parce que j'ai pensé qu'il s'agissait de *moi*, de mon nom, Earl. Mon père, évidemment, l'a racontée parce qu'elle parlait de *lui* et parce que pendant un moment, ce matin froid de février, il a osé avoir l'espoir d'être aimé par son fils aîné.

En cet instant où je dis ceci, je l'aime, mais il est trop tard pour que cette déclaration donne un quelconque bonheur à l'un de nous deux. C'est pourquoi je soutiens que la mort d'un des deux parents est une chose terrible.

Après la disparition de mon père, j'ai demandé à sa sœur Ethel ce qu'elle savait de ce pauvre vieil oncle Earl. Elle m'a répondu qu'elle n'en avait jamais entendu parler. Comme c'était l'archiviste officieuse de la famille et qu'elle n'avait que quelques années de moins que mon père, elle aurait assurément entendu parler de cet oncle, elle aurait su comment mon père passait ses étés, elle aurait eu quelque connaissance de l'homme que mon père aimait au point d'en donner le nom à son premier fils.

L'histoire, tout simplement, n'était pas vraie. Mon père l'avait inventée.

De la même façon que l'anecdote de ma mère concernant Sonny Tufts est fausse. Hier, l'article écrit sur lui par le regretté George Frazier, dans le *Boston Globe* daté du 8 juin 1970, m'est tombé entre les mains. Je n'aurais pas pris la peine de le relire si la semaine précédente je ne m'étais pas trouvé à plaisanter au sujet de Sonny Tufts avec une amie, une femme qui habite Boston et dont la mère est décédée l'été passé. La mort de la mère de cette amie, comme celle de mon père, a été provoquée par un alcoolisme aigu et elle s'annonçait depuis des années. Ce que la plupart des candidats au suicide accomplissent en quelques minutes a pris des décennies pour mon père et pour la mère de mon amie.

Le décès de cette femme m'a rappelé les conséquences de la mort de mon père et de la survie de ma mère. Et puis notre plaisanterie très chic sur la vedette de cinéma des années quarante (« Qu'est-il arrivé à Sonny Tufts ? »), une blague sur notre propre vieillissement, m'a fait penser à l'anecdote de ma mère sur la pièce de théâtre de la classe terminale, en 1932. Aussi, lorsque j'ai vu la notice nécrologique de Tufts rédigée par Frazier sous le titre « Mort d'un commis en squelettes » (Tufts était allé à Yale où on l'avait intronisé dans la société secrète des « Têtes de mort »), je ne l'ai pas balancée dans le tiroir mais je l'ai lue d'un bout à l'autre comme si je cherchais une confirmation du refus que lui avait opposé ma mère. Au lieu de quoi j'ai appris que Bowen Charlton Tufts III, héritier d'une vieille famille de banquiers de Boston, avait fait à Exeter sa préparation pour Yale. De sorte que son lien le plus étroit avec la fille d'un tourneur de Catamount, et donc avec moi, passait probablement par la banque de son père qui possédait la fabrique où le tourneur faisait travailler sa machine.

De toute façon, je n'avais jamais cru son histoire, mais maintenant j'avais la preuve qu'elle l'avait inventée. Exactement comme le fait que Dan Rather ne m'a jamais interviewé prouve que ma mère ne m'a jamais vu à la télévision dans son studio de San Diego. D'ailleurs, à peine avait-elle eu le temps d'appeler son amie qui habite au bout du même couloir et de la faire venir voir son fils à la télé que Dan était passé à des trucs déprimants sur le Moyen-Orient.

Quant aux personnages de Grace Metalious dans *Peyton Place* et leur apparition à la soirée de Noël de mes parents à Catamount, je n'y ai jamais cru non plus. Il est exact que *Peyton Place* repose sur un parricide qui a réellement eu lieu à Gilmanton, New Hampshire, un village à une quarantaine de kilomètres de Catamount, où une jeune femme a assassiné son père, mais au milieu des années quarante les gens ne faisaient pas quarante kilomètres en voiture sur de petites routes enneigées pour se rendre à une fête chez des inconnus.

C'est ce que j'ai répondu à ma mère. Elle venait juste de me dire, pour la centième fois me semblait-il, qu'un jour, en me servant de mon expérience d'enfant – et à présent d'adulte – dans le New Hampshire, je serais en mesure d'écrire un nouveau *Peyton Place*. Cette conversation a eu lieu il y a à peine deux mois. Je lui avais rendu visite à l'occasion d'un voyage d'affaires à Los Angeles et j'étais assis, plutôt mal, dans son studio de San Diego. C'est une femme minuscule, on dirait une mésange, qui ne possède que peu d'objets – et tous paraissent miniaturisés, prévus pour aller avec son petit corps et les dimensions réduites de son appartement, de sorte que quand je me rends chez elle je me sens énorme et balourd. Je baisse la voix et je me déplace avec précaution.

Elle repassait ses draps pendant que je restais assis sur son canapé-lit défait. Il n'était pas replié parce que je venais de retourner le matelas pour elle, une corvée qu'elle réserve à mon frère cadet ou à moi – les deux seules personnes de grande taille à présent dans sa vie – quand nous venons de l'Est.

— Mais nous n'étions pas des *inconnus* pour eux, a gazouillé ma mère. Ton père connaissait le fils Golden. Probablement un de ses copains de beuverie, a-t-elle ajouté. En tout cas, c'est la raison pour laquelle ton père m'a interdit d'en parler à quiconque lorsque l'histoire est parue dans les journaux, avec le meurtre, l'inceste et tout ça...

— L'inceste ? Quel inceste ?

— Tu sais bien, le père que sa propre fille a assassiné, oui, assassiné et enterré dans le tas de fumier parce qu'il couchait avec elle. Tu n'as pas lu le livre ?

— Non.

— Bon, ton père avait peur que nous ne soyons impliqués d'une façon ou d'une autre. Alors je n'ai pas eu le droit d'en parler jusqu'à ce que le livre soit célèbre. Tu sais, quand je raconte aux gens, ici, que dans les années quarante, dans le New Hampshire, j'ai connu la fille qui a tué son père dans *Peyton Place*, on ne me croit pas. Bon, pas que je l'aie précisément *connue*, mais tu sais bien...

Il y a toujours quelqu'un de célèbre dans ses histoires, me suis-je dit. Dan Rather, Sonny Tufts, Grace Metalious (bien que ma mère ne puisse jamais se rappeler son nom et ne mentionne que celui du livre qu'elle a écrit). C'est comme si elle espérait qu'on l'aimera plus facilement si elle est associée à quelqu'un de célèbre.

Quand on sait qu'une histoire est fausse, on se dit qu'on n'a pas besoin de l'entendre. On pense qu'on est censé l'interpréter, comme je le faisais ce matin-là dans le studio de ma mère où je transformais son récit en indices révélant sa psychologie, ce qui m'amenait à la comparer à ma propre psychologie et à noter avec soulagement la différence. (Mes histoires à moi n'ont pas de gens célèbres.) J'ai opéré de même avec le violoniste ivre de mon père, l'oncle Earl, lorsque j'ai su qu'il n'existait pas. J'ai utilisé ce conte pour tenter de défaire le puzzle de la terrible psychologie de mon père, en espérant sans doute démêler du même coup l'écheveau de la mienne.

Une des choses les plus difficiles à dire à quelqu'un d'autre est celle-ci : J'espère que vous m'aimerez. C'est pourtant ce que nous voulons tous dire les uns aux autres – à nos enfants, nos parents, nos compagnons, et même aux inconnus.

Peut-être même surtout aux inconnus. Mon amie de Boston, qui, en guise d'interlude pendant l'histoire de la mort affreuse de sa mère, plaisantait avec moi au sujet de Sonny Tufts, me montrait qu'elle espérait que je l'aimerais, même si son récit parlait du fait que sa mère avait tout au long de sa vie refusé de l'aimer et que maintenant qu'elle était morte toute possibilité d'un tel amour était absolument écartée. Pour ma part j'ai au moins l'histoire de mon père sur l'origine de mon prénom, et bien qu'il soit trop tard pour que je lui donne ce qu'il avait espéré et demandé l'espace d'un moment, j'ai pu comprendre un peu plus utilement, en me souvenant de son récit, la façon dont je raconte les miens.

En me rappelant, comme si j'écrivais mes Mémoires, ce qu'ont évoqué pour moi les histoires des autres, ce qu'elles ont littéralement fait surgir dans mon esprit, j'ai appris comment mes propres histoires fonctionnent dans le monde, que je les raconte à ma mère, ma femme, mes enfants, mes amis, ou, surtout, à des inconnus. Et, pour clore la boucle, j'ai appris un peu plus utilement à écouter les histoires des autres, qu'elles soient vraies ou fausses.

En quittant ma mère ce matin-là pour revenir à Los Angeles en voiture et de là prendre l'avion pour le New Hampshire où vivent mon frère, ma sœur et tous les petits-enfants de ma mère, et où ma mère a vécu tout son passé à part les quelques dernières années, elle m'a raconté une dernière anecdote. Nous sommes restés quelques minutes debout à l'ombre des palmiers, dans le parking derrière son immeuble de verre et d'acier, puis elle m'a dit d'un ton soucieux :

— Tu sais, ce restaurant, *La Maison des Pancakes*, où tu m'as emmenée ce matin pour le petit déjeuner ?

J'ai répondu oui, vérifié l'heure et j'ai balancé ma valise sur le siège arrière de la voiture de location.

— Eh bien, j'y prends mon petit déjeuner tous les mercredis. C'est sur mon chemin quand je vais garder des enfants le mercredi, et cette semaine il s'y est passé quelque chose de drôle. J'étais assise toute seule au fond, là où il y a cette longue banquette en fer à cheval, et j'avais déjà à moitié fini mon petit déjeuner quand j'ai remarqué qu'au bout de la banquette était assis un homme. Il était à peu près de ton âge, jeune, mais sale et l'air minable. Surtout sale, alors j'ai détourné les yeux et j'ai continué à manger mes œufs et mon toast.

« Et puis j'ai vu qu'il me regardait comme s'il me connaissait et qu'il n'osait pas vraiment me parler. J'ai souri au cas où je le connaîtrais, je connais à peu près tout le monde dans le voisinage, maintenant. Mais c'était un inconnu. Et sale. Ça se voyait qu'il buvait depuis des jours.

« Alors je lui ai fait un sourire et je lui ai dit : Vous avez besoin d'aide, n'est-ce pas, monsieur ? Il avait vraiment besoin de se raser, ses habits étaient dégoûtants et tout déchirés, ses cheveux en broussaille. Tu vois le genre. Il avait pourtant quelque chose de pathétique dans le regard qui me poussait à lui parler. Mais honnêtement, Earl, je ne pouvais pas. Non, je ne pouvais pas. Il était si sale.

« Bref, quand je lui ai adressé la parole, juste ces quelques mots, il a fait comme s'il émergeait d'un brouillard et il s'est redressé un moment comme s'il avait peur que je me plaigne au personnel et que je le fasse jeter hors du restaurant. Qu'est-ce que vous m'avez dit ? a-t-il demandé. Sa voix était faible mais il a essayé de lui donner du volume, alors c'est sorti fort et comme cassé. Rien, ai-je répondu en me détournant. Puis j'ai vite fini mon petit déjeuner et je suis partie.

« Cet après-midi-là, en revenant à pied de mon babysitting, je suis rentrée dans le restaurant pour voir s'il était là, mais il n'y était pas. Et le lendemain matin, jeudi, j'ai refait tout le chemin à pied pour voir s'il y était, bien que je ne prenne jamais mon petit déjeuner le jeudi à *La Maison des Pancakes*. Il n'y était toujours pas. Et hier, vendredi, j'y suis retournée une troisième fois. Mais il n'y était pas.

Elle s'est plongée dans un silence méditatif en regardant ses mains.

— Est-ce qu'il y était ce matin ? ai-je demandé en me disant que le sens de cette histoire avait sans doute à faire avec la coïncidence.

— Non, a-t-elle répondu. Mais je ne m'attendais

plus à ce qu'il y soit ce matin. J'avais arrêté de le chercher déjà hier.

— Bon, mais pourquoi est-ce que tu m'as raconté ça ? A quoi est-ce que ça se rapporte ?

— A quoi ? Mais je n'sais pas. A rien, je suppose. J'avais pitié de cet homme, et puis comme j'ai eu peur je me suis tue et je l'ai laissé.

Elle étudiait toujours ses petites mains.

— C'est normal, ai-je dit. Tu n'as pas à t'en sentir coupable, ai-je ajouté en l'entourant de mes bras.

Elle a mis son visage contre mon épaule.

— Je sais, je sais. Et pourtant...

Ses yeux bleus se sont mouillés, son fils partait à nouveau pour six mois ou pour un an de plus, et à qui raconterait-elle ses histoires pendant qu'il ne serait pas là ? Qui écouterait ?

HISTOIRE DE RÉUSSIR

Après le lycée, j'ai fréquenté une université de l'Ivy League, pendant moins d'un trimestre. Un an plus tard, j'étais marié et vivais en Floride centrale. C'était en 1958 ou 1959. Le général Dwight Eisenhower était notre président et le Dr Fidel Castro, replié dans les défilés montagneux au sud-est de La Havane, était célébré par *Time* et le *Reader's Digest* pour son allure et son intégrité.

J'avais été un crack dans le secondaire, et j'en avais été récompensé par une bourse universitaire aussi grasse que celle d'un premier *quarterback* dans une université du Middle West. Dans cette école de l'Ivy League, cependant, parmi ces fils de capitaines d'industrie élégants et brutaux, je ne servais qu'à symboliser le gosse pauvre de cette année-là, importé comme une plante exotique d'une petite ville industrielle du New Hampshire, une pincée de macis pour la vichyssoise. C'était un statut qui m'embarrassait, m'intimidait et qui finalement me sapait le moral, à un point tel qu'après neuf semaines je m'enfuis dans la nuit.

Littéralement. Par une soirée neigeuse de décembre, seul dans ma chambre (ils n'avaient pas jugé bon de m'adjoindre un camarade de chambrée, ou alors aucun ne correspondait à mon profil), j'empaquetai mes vêtements et quelques livres dans un sac de toile, attendis que presque toutes les lumières se soient éteintes sur le campus, et me faufilai dans le couloir. Je franchis l'entrée de service et descendis la colline, et, quittant les bâtiments en briques du XVIIIe siècle qui abritaient les dortoirs et les salles de classe, je filai jusqu'au large boulevard, en bas, où d'énormes maisons néo-classiques, logeant des cercles d'étudiants, s'étalaient sous de grands et vieux ormes. Au pied de la colline, je me dirigeai vers le sud et courus dans la neige intacte, en changeant mon lourd sac d'épaule tous les vingt ou trente mètres, jusqu'au moment où, sorti de la ville au creux de la vallée, je passai dans l'obscurité et me retrouvai en train de traverser une forte tempête de neige le long d'une route étroite et sinueuse.

Un mois plus tard, comme les vacances étaient terminées, et que ma mère, éperdue, ainsi que mes jeunes frère et sœur, mes tantes, oncles et cousins, tous mes amis et voisins, mes profs de lycée et même le directeur des admissions à l'université de l'Ivy League étaient abasourdis et convaincus que non seulement j'avais gâché ma vie, mais que j'avais aussi en quelque sorte attenté à la leur, je me retrouvai à Saint-Petersburg, en Floride, avec sept dollars en poche, mon sac sur l'épaule et mon intention de gagner la sierra Maestra pour rejoindre Castro en train de flancher sérieusement.

J'avais passé Noël et le Nouvel An à la maison, travaillant jour et nuit comme vendeur dans un magasin de vêtements pour hommes, me donnant toutes les peines du monde pour faire comme si rien ne s'était passé. Ma mère semblait toujours avoir les yeux rougis de larmes, mes amis du lycée me traitaient froidement, avec distance, comme si j'avais abandonné l'université à cause d'une maladie vénérienne. D'une certaine façon, ma famille formait une association pour le rétablissement de l'ordre moral – les beaux et brillants enfants et l'épouse pathétique d'une brute qui avait disparu dix ans auparavant dans les forêts nordiques avec une postière et dont on n'avait plus jamais entendu parler. En tant que victime masculine la plus âgée de cet abandon, j'étais censé, dans l'esprit de tous ceux qui connaissaient l'histoire, venger ce crime surtout en accomplissant une réussite visible, en m'élevant au-dessus de ma condition, et, de cette manière paradoxale, en montrant au malfaiteur à quel point son crime avait été dénué de sens. Pour des raisons dont je n'étais que vaguement conscient, mon histoire était importante pour tout le monde.

A ce moment-là, les laisser derrière moi, abandonner ma famille sans père dans un immeuble minable, ainsi que mes anciens amis et la ville dans laquelle j'avais grandi, constituait un vif plaisir, comme de se coucher et de sombrer dans un profond sommeil après avoir été au-delà de ses forces. Maintenant, me suis-je dit le matin où je suis parti – gravissant la passerelle de la route 93, à Catamount, et présentant mon pouce aux voitures qui se dirigeaient vers le sud –, *maintenant*, je peux commencer à faire mes propres rêves, pas ceux des autres.

Le rêve précis de rejoindre Castro s'estompa aisément. Il commença à se dégonfler à l'instant où je sortis de l'énorme berline bleue, une Buick immatriculée dans le Maryland, qui m'avait emmené directement depuis Norfolk en Virginie jusqu'à Saint-Petersburg, où l'homme âgé qui conduisait avait une « petite amie », me dit-il, qui habitait une suite à l'hôtel *Coquina Key*.

— Toi, tu es un garçon intelligent, conclut-il au moment où je me glissais hors de la voiture et prenais mon sac à l'arrière. Tu te débrouilleras bien ici. Tu pigeras vite.

C'était un homme au teint rougeaud, et il aimait toucher de la paume de la main ses cheveux blancs coupés en brosse comme s'il caressait un chien qui ne lui était pas familier.

— Mais oublie Cuba. Ça ne rime à rien d'aller te faire tuer pour le pays des autres.

C'était un capitaine à la retraite de l'armée américaine, il s'appelait Heinz, « comme le ketchup », disait-il, et il donnait des conseils avec l'air de quelqu'un qui s'attend à ce qu'on les suive.

— Un gars comme toi, dit-il en me regardant attentivement depuis le siège du conducteur, intelligent, beau, bonne personnalité, tu peux te faire un million de dollars ici. Cet endroit, ajouta-t-il en jetant un regard chaleureux autour de lui à la marina, aux palmiers, aux kilomètres de pelouse, aux bougainvilliers éclatants de fleurs, aux grosses voitures neuves immatriculées dans d'autres Etats, à l'hôtel *Coquina Key*, grand et rose avec sa marquise rouge sombre allant de la rue à l'entrée principale, cet endroit est *fait* pour un gars comme toi.

— Ouais. Eh bien, j'ai tout le temps pour ça.

Je m'écartai un peu de la voiture, et Heinz se pencha encore sur le siège avant pour me voir. Je lui dis :

— Je n'ai pas besoin de me faire plein d'argent tout de suite.

— Non ? Combien as-tu ?

— Pas beaucoup. Suffisamment.

Je pris mon sac sur l'épaule, et fis à l'homme un signe de la main.

— Si tu n'as pas besoin d'argent, alors de *quoi* as-tu besoin, mon gars ?

— D'expérience, je suppose.

J'essayai de sourire d'un air entendu.

— Ecoute. Je viens ici tous les hivers depuis maintenant huit ans, depuis que j'ai pris ma retraite. Et de l'expérience, j'en ai. Eh bien, moi, je te le dis, cet endroit va devenir une ville en pleine expansion. Ça l'est déjà. Regarde tous ces vieux qui viennent du Nord, eh bien il y en aura de plus en plus, mon gars, sûrement pas moins. Ils ont tous du fric à dépenser, et ici, tu es aux premières loges. J'échangerais bien toute mon expérience contre ta jeunesse. Oublie Cuba, mon gars. Reste à Saint-Pete et tu seras millionnaire avant vingt-cinq ans.

Je regrettais maintenant d'avoir dit la vérité à Heinz, là-bas en Virginie, quand il m'avait demandé où j'allais. J'avais dit Cuba, il avait ri et m'avait demandé pourquoi. J'avais essayé de lui expliquer, mais tout ce que j'avais pu dire était que je voulais aider le peuple cubain à se libérer d'un dictateur cruel et corrompu. Nous savions tous les deux ce qui sonnait bizarrement là-dedans, et aucun de nous n'avait plus reparlé de Cuba jusqu'à ce moment.

Je m'éloignai de la voiture pour rejoindre le trottoir.

— Eh bien merci. Merci du conseil. Et de m'avoir pris. Content de vous avoir rencontré, dis-je.

Il m'appela par mon nom. Je n'avais pas pensé qu'il l'aurait retenu.

— Ecoute, si tu as besoin d'un coup de main, me dit-il, appelle-moi, et il passa la main par la fenêtre du côté du passager, me tendant une petite carte blanche.

Je pris la carte et lus son prénom, Harry, son adresse là-bas à Chevy Chase dans le Maryland, et un numéro de boîte postale ici à Saint-Petersburg.

— Merci, dis-je.

— Je loge à l'hôtel, dit Heinz, montrant d'un signe de tête l'hôtel recouvert de stuc rose. Avec ma petite amie. Elle s'appelle Sturgis, Bea Sturgis, elle est là tout le temps, toute l'année. C'est une femme bien. Appelle quand tu veux.

— Tout va bien, dis-je. Vraiment. Je sais ce que je fais.

Il sourit.

— Non, dit-il. Tu ne sais pas ce que tu fais.

Puis il me fit un signe d'adieu, embraya et se dirigea lentement vers le garage de l'hôtel.

Il n'était pas encore neuf heures du matin, et il faisait déjà chaud. J'ôtai mon blouson, l'attachai à mon sac, et en me promenant, j'arrivai au parc près de la marina où je m'assis sur un banc orienté vers la rue. Derrière moi, des yachts et des bateaux de pêche de location se balançaient tendrement contre les quais étroits où des pélicans, l'air morne, étaient perchés sur des pieux d'amarrage. En face, des hommes et des femmes, vêtus de blouses et de chemises pastel à manches courtes et de bermudas à carreaux, entraient et sortaient nonchalamment de l'hôtel. Des voitures neuves, des taxis et des limousines emmenaient des gens, en déposaient et en reprenaient. Un vent léger agitait doucement les palmiers royaux qui bordaient l'avenue. Chaque personne, chaque chose se trouvait exactement à sa place.

Tout à coup, j'eus faim et je me rendis compte que je n'avais pas mangé depuis la nuit précédente, dans un *Stuckey* en Caroline du Nord. Quelques minutes passèrent, puis je vis Heinz sortir du garage du côté gauche de l'hôtel et marcher d'un bon pas sur le trottoir, regardant droit devant lui, l'air sérieux. Arrivé sous la marquise, il tourna et entra dans le bâtiment, saluant d'un signe aimable le portier au moment où il franchissait la porte vitrée menant à l'intérieur de l'hôtel, sombre et frais.

Je me levai lentement, saisis mon sac, traversai la rue, et le suivis.

Je ne revis jamais Heinz, cependant. Je l'appelai depuis le hall de l'hôtel par le téléphone intérieur, et, avec un éclat de rire, il me passa le gérant. Ce dernier me rencontra au bureau de la réception et me donna une note pour le concierge qui, le jour même, me mit au travail comme déménageur.

J'étais le plus jeune et le plus robuste d'une équipe de sept ou huit hommes qui installaient les tables et les chaises dans les salles de réunion et de congrès, qui décoraient les pistes de danse pour les réceptions de mariages, déménageaient les pianos d'une salle à manger à l'autre, traînaient les immenses matelas de suite en suite, déchargeaient les fournitures des camions, livraient des chariots de linge sale à la blanchisserie au sous-sol, trimballaient des sofas, des lampes, des lits d'enfant et des tapis d'un côté à l'autre de l'hôtel. Payés moins de trente dollars par semaine pour dix heures de service six jours sur sept, nous travaillions par roulement, suivant des horaires décalés, et nous devions rester disponibles sept jours par semaine, vingt-quatre heures par jour. Nous étions logés et nourris, nous mangions dans une pièce vide à côté de la cuisine de l'hôtel avec les plongeurs, et nous dormions par deux, dans des chambres minuscules comme des cellules, dans un dortoir en parpaings derrière l'hôtel.

La plupart des aides de cuisine étaient des Noirs, et ils rentraient passer la nuit chez eux ou quelque part. Nous, les déménageurs, étions blancs, à un homme près, et, moi excepté, la quarantaine bien sonnée, alcooliques au dernier degré, physiquement fragiles et itinérants. Je mis quelques jours à comprendre que nous étions tous des sortes de travailleurs migrants, de vagabonds, de nomades, venus des dépôts de gare et des froides cités du Nord, et que le lendemain du jour de paie, la plus grande partie de l'équipe de la semaine serait partie, remplacée le jour suivant par un nouveau groupe d'hommes qui, une semaine plus tard, s'en iraient eux aussi à Miami, à La Nouvelle-Orléans ou à Los Angeles. Personne ne voulait de notre job, et nous ne pouvions pas en trouver d'autre. Nous étions sous-payés, débordés de travail et méprisés par les femmes de chambre, les garçons d'ascenseur et les portiers. Comme certains outils de plomberie, nous n'avions pas d'existence, sauf au moment précis où on avait besoin de nous. Même dans ces conditions, et après moins de deux semaines de ce genre de travail, je me promis d'y réussir. C'était comme décider de réussir en tant que prisonnier de guerre, choisir d'être un *bon* prisonnier de guerre. Je croyais que je pouvais devenir un déménageur tellement efficace que je serais irremplaçable, que peu de temps après on me nommerait déménageur en chef, et qu'ensuite mes talents d'organisation, mon dévouement à l'hôtel et ma chaleur humaine seraient reconnus par le concierge, qui me donnerait une promotion, ferait de moi son assistant, disons, et de là, je deviendrais moi-même concierge, puis adjoint du directeur, et peu après, pourquoi pas directeur ?

Dans un avenir plus lointain, j'imaginais une chaîne d'hôtels reliant toutes les villes principales du golfe du Mexique (une masse d'eau qu'à vrai dire je n'avais pas encore vue), que je pourrais administrer depuis une rangée de téléphones, ici, sur ce bureau du *Coquina Key* de Saint-Petersburg d'où je m'étais lancé, et qui deviendrait donc le joyau central de mon collier d'hôtels et de stations balnéaires, mon diadème, l'orgueil bien compréhensible d'un homme modeste. Je recevrais ici les dirigeants internationaux – le Dr Fidel Castro, le président Dwight Eisenhower, le généralissime Chiang Kai-Shek. On me féliciterait d'avoir laissé tomber une université de l'Ivy League avant la fin du premier trimestre, ma mère et mes frère et sœur comprendraient enfin la sagesse de ma décision, et les amis du lycée me téléphoneraient pour me supplier de leur fournir un poste dans un de mes hôtels. Tard dans la nuit, allongé sur mon étroite couchette, mon compagnon de chambre temporaire ronflant sur le lit du dessous, j'imaginais des dîners d'hommage dans lesquels je présenterais mon vieil ami Heinz de Chevy Chase. Il serait assis à la table d'honneur à côté de sa dame, Bea Sturgis, juste avant le maire de Saint-Petersburg et le gouverneur de Floride. « Tout a commencé grâce à Heinz, dirais-je. Il m'avait prédit que cet endroit était fait pour un gars comme moi, et il avait raison ! »

Les déménageurs ne faisaient que passer, mais moi je restais. La quatrième personne en cinq semaines avec qui je partageai ma lugubre cellule s'appelait Bob O'Neil. Il venait de Chicago, et quand il comprit que j'étais déménageur au *Coquina Key* depuis maintenant plus d'un mois, il me dit que j'étais fou. Je venais d'installer un déjeuner de cérémonie pour les anciens combattants dans la salle Laurier-Rose, et j'espérais profiter discrètement de quelques heures de sommeil.

J'étais resté debout une grande partie de la nuit précédente à démonter les tables et les chaises et à nettoyer le hall après un banquet d'attribution de prix sportifs. Mon compagnon de chambre précédent s'appelait Fred et venait de Columbus. C'était un homme gras, morose, silencieux, dont les mains tremblaient pendant qu'il lisait les tracts religieux qu'il me passait sans un mot. Il avait reçu sa première paie deux jours auparavant et il était parti – pour Phoenix, avait-il dit, où vivait sa sœur.

Quand je suis entré, mon nouveau compagnon de chambre s'était déjà approprié la banquette du dessous – la mienne, avais-je décidé après le départ de Fred. Il en avait ôté mes magazines et s'y trouvait maintenant étalé de tout son long. Je fermai la porte, et il s'assit, tendit la main, et se présenta.

— Salut, dit-il. Je m'appelle Bob, et je suis alcoolique.

Il avait dans la quarantaine, mais il était difficile de préciser davantage son âge. Son visage était large et couperosé, avec des veines éclatées qui s'enchevêtraient sur ses joues et sur son gros nez rouge. Ses yeux brillaient, il avait une large bouche souriante et un flot de cheveux gris-blond et fins.

J'ôtai sa valise en carton, ouverte et presque vide, de l'unique fauteuil de la chambre, et je m'assis. Je lui demandai : « Pourquoi dis-tu aux gens que tu es alcoolique ? » et il expliqua que c'était une exigence des Alcooliques Anonymes, dont il annonça faire partie depuis la veille.

— Tu es obligé de le dire, déclara-t-il. Tu dois faire admettre au monde que tu es alcoolique. Jouer cartes sur table. C'est le premier pas vers la guérison.

— Il faut combien de temps pour être guéri ? demandai-je. Enfin, pour ne plus devoir te présenter partout comme ça ?

— Ça ne finit jamais, répondit-il. Jamais. C'est un...

état. Comme le diabète ou l'obésité. Je suis allergique à la gnôle, à l'alcool. C'est pas plus compliqué que ça.

— Alors, tu ne peux pas y toucher ?

— Exact. Sauf si je veux mourir.

Il fit pivoter ses pieds sur le sol et alluma une cigarette.

— Tu fumes ?

— Non, merci. A propos, dis-je, la banquette du dessous, c'est la mienne.

— Tu plaisantes ? dit-il avec un grand sourire. Regarde-toi. Tu as quel âge, dix-huit ? Vingt ans ?

— Dix-huit. Bientôt dix-neuf.

— Dix-huit ans. Regarde-moi, je suis un vieil homme malade, alcoolique, alors que toi tu peux bondir là-haut comme un sauteur à la perche. Et tu dis que la banquette du dessous est la tienne ?

Il soupira, toussa, se recoucha et ferma les yeux.

— C'est bon. Elle est à toi.

— Non, vas-y. Je dormirai au-dessus.

— Non, non, non ! Tu as raison, tu es arrivé ici avant moi. Le premier arrivé est le mieux servi, c'est la loi du pays. Je comprends.

Je grimpai l'échelle branlante au bout de la banquette et me jetai sur le lit, le visage en avant.

— Tu es sûr que ça ne te dérange pas ? demanda-t-il en passant la tête et en me regardant d'un air interrogateur.

— Non.

— T'es là depuis combien de temps, au fait ?

— Un peu plus de cinq semaines, dis-je, et je pensai : Plus que la moitié du temps que j'ai passé à l'université.

— Cinq semaines !

Il riait. C'est à ce moment-là qu'il me dit que j'étais fou, d'une voix haute et amusée.

— Eh bien, continua-t-il en bâillant, tu dois te débrouiller vachement bien.

— Ouais.

Personne ne conservait ce genre de travail plus d'une semaine, deux au maximum, expliqua-t-il.

— T'es comme un prisonnier, tu vois jamais la lumière du jour, tu gagnes jamais assez d'argent pour que ça change quoi que ce soit dans ta vie, alors la seule chose que t'as à faire, c'est prendre ta paie et t'en aller. Te tirer en vitesse. Trouver un endroit ou un boulot qui change réellement quelque chose. Un garçon intelligent et de bonne présentation comme toi, dit-il, tu vaux mieux que ça. On est en Amérique, bon Dieu ! Tu peux t'en sortir vraiment bien. T'as combien d'argent de côté ?

— Pas beaucoup. Un peu plus de soixante dollars.

— Là, tu vois bien, dit-il, comme s'il s'agissait d'une évidence.

Je le remerciai du conseil, lui expliquai que j'étais fatigué et que j'avais besoin de dormir. Je faisais partie de l'équipe de nuit cette semaine-là, et on m'avait demandé de remplacer un type qui avait quitté le groupe du matin, une chose qui arrivait de plus en plus souvent et que je prenais pour un signe de mon succès imminent. Bob n'ajouta rien, et je m'endormis bientôt.

Les jours suivants, chaque fois que nous bavardions, ce qui arrivait souvent car Bob était volubile et je me sentais seul, nous parlions de son alcoolisme, et de mon refus de suivre son conseil de quitter l'hôtel immédiatement, louer une chambre en ville, et me trouver un travail dans un restaurant ou dans un magasin, là où les gens pourraient me voir, comme me l'expliquait Bob, parce que, selon lui, j'avais le genre de tête qui inspire confiance. « Un visage *honnête* », disait-il, comme si cela signifiait davantage qu'un simple engagement à dire la vérité, comme si l'intelligence, l'esprit de sérieux, la sensibilité, l'hygiène corporelle et la haute ambition, tout en découlait. « Tu as un visage *honnête*, mon gars. Tu devrais te tirer d'ici et découvrir le monde réel, là où tu peux *t'en servir*. »

De mon côté, je lui conseillais de continuer à aller

aux réunions des AA, comme il prétendait le faire. Je savais qu'il était chaque jour tenté par les boit-sans-soif de notre équipe, et, souvent, il entrait dans la chambre en tremblant, au bord des larmes. Il m'agrippait par les épaules et me suppliait de l'en empêcher. « Ne me laisse pas abandonner, mon gars ! Eloigne-les de moi, ces salauds. Parle-moi, mon gars », implorait-il, et je lui parlais, lui rappelais tout ce qu'il m'avait raconté – ses mariages brisés, ses boulots perdus, ses errances sans le sou entre la Floride et Chicago, ses réveils malades dans des hôtels sordides pour semi-clochards et sa mendicité au coin des rues – jusqu'à ce qu'enfin il se calme et s'emplisse d'une détermination toute neuve à résister à la tentation. Je voyais bien que c'était dur pour lui, physiquement. Il paraissait perdre du poids, et sa peau, malgré les marbrures et les veines éclatées, était devenue d'une pâleur gris terne, et il semblait ne jamais dormir. Nous faisions tous les deux partie de l'équipe de nuit, cette semaine-là, et tout au long de la journée, sauf quand il sortait pour se rendre à ses réunions avec les AA, comme il disait, je l'entendais sur la banquette du dessous, se tourner et se retourner dans la faible lumière de l'après-midi, se battre contre l'insomnie, et finalement déclarer forfait, allumer une cigarette, sortir faire un tour, revenir essayer à nouveau, et échouer encore.

Un après-midi, quelques jours avant sa première paie, il leva le bras vers ma couchette et me réveilla.

— Dis, mon gars, j'arrive pas à dormir. Prête-moi un peu de fric, tu veux bien ? Il faut que j'aille me chercher une bouteille.

Sa voix était inhabituellement ferme et claire. Il avait pris une décision.

— Non, Bob. Ce n'est pas ce que tu veux. Tiens le coup.

— Me fais pas la morale, prête-moi juste un peu de fric.

Cette fois il s'agissait d'un ordre, non d'une requête.

Je sondai son regard pendant quelques secondes, et vis mes propres yeux qui m'observaient.

— Non, dis-je.

Je lui tournai le dos et me replongeai dans le sommeil avec défi.

Quand je me réveillai, le soir tombait, et je sus que j'avais presque manqué le dîner, je sortis donc de la chambre avec précipitation et m'engouffrai dans le long tunnel qui reliait le dortoir à la cuisine de l'hôtel, où les plongeurs de nuit et les déménageurs étaient déjà en train de manger. Bob n'était pas là, et personne ne l'avait vu.

— Il travaille ce soir ! dis-je. Il doit travailler ce soir !

Ils haussèrent les épaules et continuèrent à manger. Personne ne s'en souciait.

On était en train de peindre une demi-douzaine de chambres au quatorzième étage, et nous passâmes la nuit à sortir des meubles et à les ranger au sous-sol. Nous devions aménager la salle Crêpe Myrtille pour le déjeuner d'une chambre de commerce, et il faisait jour quand je retournai dans ma chambre. Bob était là, profondément endormi sur la couchette du dessous.

Je regardai autour de moi dans la pièce, j'examinai la poubelle en fer-blanc, j'inspectai même les tiroirs du buffet, mais je ne trouvai pas de bouteille. Il m'entendit, se retourna et m'observa.

— Tu cherches quelque chose ?

— Tu sais très bien quoi.

— Une bouteille ?

— Ouais. C'est ça.

— Désolé, mon gars.

— Tu n'as pas bu ?

— Non.

Il s'assit et sourit. Il paraissait reposé pour la première fois, et il avait retrouvé ses couleurs. Il alluma une cigarette.

— Non, j'ai pas craqué. J'en étais pas loin, note, dit-il, ses yeux bleus pétillant, et il tenait son pouce et son index écartés de la largeur d'un crayon. Pas loin.

Je lui fis un grand sourire, comme si sa victoire était la mienne.

— Tu t'es vraiment surmonté, hein ? Qu'est-ce que tu as fait ? Où as-tu passé toute la nuit ?

— Ici. Pendant que tu travaillais, je dormais comme un bébé. Je suis rentré tard de la réunion avec les AA. Je leur ai dit que j'étais malade, qu'ils pouvaient retenir ma paie, puis je suis rentré et j'ai dormi toute la nuit.

— Ouah ! Terrible !

Je lui serrai la main.

— Tu vois, mon vieux, c'est bien ce que je te disais ! Tu dois continuer à aller à ces réunions avec les AA.

Il sourit avec indulgence, écrasa sa cigarette et se recoucha. J'ôtai ma chemise et mon pantalon, grimpai sur ma couchette, et quand j'entendis Bob ronfler, je m'endormis.

Cet après-midi-là, quand je me réveillai, Bob était de nouveau parti. Je descendis de mon lit et remarquai que sa valise en carton avait disparu aussi. Son tiroir dans le buffet était vide, et quand je regardai dans l'armoire à pharmacie au-dessus du petit lavabo, je vis qu'il avait emporté son nécessaire de rasage. Il avait déménagé.

J'étais désorienté et soudain, d'une façon inattendue, je fus triste. Je me plaçai devant le miroir, je me rasai pour la première fois en trois jours, et je tentai de comprendre tout cela – l'alcoolisme de Bob, qui semblait faire partie de lui au même titre que sa taille ou la couleur de ses yeux, et l'intérêt que j'y portais ; son insistance à me donner des conseils, et la mienne à faire de même pour lui ; son espoir vain de ne plus boire, et mon rêve de... de quoi ? De réussite ? De pardon ? De vengeance ? D'une certaine façon, Bob et moi étions pareils, pensai-je, surtout maintenant qu'il s'était enfui de l'hôtel. Cette idée m'effraya. C'était la première fois que j'avais peur, depuis la nuit où, sur la colline et dans la neige, j'avais quitté l'université.

J'essuyai les restes de crème à raser, rinçai mon rasoir et ouvris l'armoire à pharmacie à la recherche de mon Aqua Velva. Disparue. Je pensai que Bob avait dû la prendre. Une vague de fureur tourbillonna en moi mais se dissipa aussitôt. Je soupirai. Oh, et puis zut, il peut l'avoir. Il est parti sans même avoir touché sa paie de la semaine ; s'asperger d'un peu d'after-shave le matin lui donnerait une impression de succès pour au moins une minute ou deux. Le reste de la journée, pensai-je, il se sentira comme ce qu'il est en réalité : un raté.

Je ramassai ma chemise et mon pantalon, et j'étais en train de m'habiller lentement quand, en me baissant pour nouer mes lacets, je vis la petite bouteille bleu pâle dans la poubelle en fer entre le buffet et le lit. Je tendis la main, l'attirai vers moi et vis qu'elle était vide. Je sus tout de suite que Bob l'avait bue d'un trait.

Rejetant l'objet comme s'il s'agissait d'un animal mort, je regardai autour de moi cette triste chambre et j'en vis pour la première fois la pauvreté affligeante – le mobilier misérable, la nudité des parois en parpaings et du sol en linoléum, la petite fenêtre donnant sur le mur de briques jaunes du parking d'à côté. La Buick bleue de Heinz était sans doute garée là. Je contemplai ma demi-douzaine de livres de poche alignés sur le buffet – des policiers, un roman de Stendhal, une anthologie des *Grandes Nouvelles américaines* – et mes papiers, une petite pile de lettres de la maison, un carnet de croquis, un cahier pour un journal que j'avais l'intention d'écrire bientôt. Je l'avais acheté pour aller à Cuba. Puis, je sortis mon vieux sac de toile de dessous le lit et me mis à y fourrer mes vêtements.

Je louai une chambre à une vieille dame qui possédait une petite maison à l'écart de Central Avenue, dans le centre de Saint-Petersburg, un quartier calme avec des pavillons et des avenues bordées d'arbres, dont les abords commençaient à se faire dévorer par des buildings de verre et de béton qui abritaient des appartements en copropriété, des compagnies d'assurances et des agences bancaires. La chambre, petite mais lumineuse et propre, était située derrière la cuisine. J'avais une salle de bains personnelle et une entrée séparée. La location comprenait le droit d'utiliser la cuisine, mais je devais manger dans ma chambre. Les règles de la maison étaient strictes, et je les acceptai avec empressement : pas de visiteurs (je savais que cela voulait dire pas de femmes), interdiction de fumer, interdiction de boire. J'avais de toute façon l'intention d'arrêter de fumer, et comme je ne pouvais boire que plus ou moins illégalement, cela m'apparaissait plutôt comme un luxe. Surtout depuis Bob O'Neil. Quant à recevoir des femmes dans ma chambre, d'après l'expérience que j'en avais à cette époque, la vieille dame aurait pu tout aussi bien m'interdire la visite de Martiens.

— Je suis chrétienne, déclara-t-elle, et ceci est une maison chrétienne.

Elle s'appelait Mrs Treworgy. Elle était minuscule, à peine la moitié de ma taille, et toute rose – des cheveux roses, un teint rose, des yeux larmoyants bordés de rose.

— Moi aussi, je suis chrétien, lui assurai-je.

— Quelle église ?

J'hésitai.

— Méthodiste ?

Elle sourit, soulagée, et m'indiqua où était située l'église méthodiste la plus proche ; pas loin, en l'occurrence. Elle-même était baptiste, et par conséquent, chaque dimanche, elle devait aller dix rues plus loin.

— Mais le sermon en vaut la peine, dit-elle. Et notre chorale est bien meilleure que celle des méthodistes.

— Je n'en doute pas.

— Peut-être aimeriez-vous y aller avec moi un dimanche.

— Oh oui, certainement, répondis-je. Mais j'essaierai probablement d'abord l'église méthodiste. Vous comprenez, comme j'y suis habitué, et tout ça...

J'avais surtout l'habitude de dormir le dimanche jusqu'à midi, et avant cela, quand ma mère m'obligeait à aller à la messe, de somnoler tout au long du service.

— Oui, bien sûr.

Puis elle demanda le premier et le dernier mois de loyer en avance. Quatre-vingts dollars.

— Je n'ai que soixante-sept dollars, dis-je.

J'avouai, comme s'il s'agissait d'un crime, que je venais juste de quitter mon travail à l'hôtel *Coquina Key*, et, comme circonstances atténuantes, j'en décrivis brièvement les conditions.

— C'était un milieu... très peu recommandable, dis-je en fixant le sol de son salon.

La pièce était petite, surchargée de meubles sombres et imposants et de portraits de Jésus, en gros plan ou en vue d'ensemble, assis en prière près d'un rocher ou montant au ciel comme Superman.

Elle me dévisagea avec attention.

— Vous avez un visage honnête, déclara-t-elle. Je suis sûre que vous trouverez bien vite un nouvel emploi. Pourquoi ne me paieriez-vous pas juste le premier mois de loyer ? Quarante dollars, et on verra ensuite.

— Oh, merci, Mrs Treworgy. Merci. Vous verrez, dis-je. Je trouverai du travail dès demain !

Ce que je fis. Suivant enfin les conseils de mon ancien compagnon de chambre Bob O'Neil, je posai ma candidature à un emploi où je pourrais être vu, comme vendeur au rayon de vêtements pour hommes de chez Maas Brothers, un grand magasin en vogue du centre-ville. Cependant, comme à la rubrique passe-temps de ma demande d'emploi j'avais écrit « peinture et dessin », je fus engagé en qualité d'assistant étalagiste dans le service des devantures.

Ce service était situé au sous-sol du grand bâtiment

moderne, et, en tant qu'assistant, je devais construire et peindre les toiles de fond pour les étalages intérieurs et pour les vitrines – lesquels étaient conçus et mis en place par un homme grand et mince venu de Géorgie, au nom bien choisi d'Art, et par une femme entre deux âges, corpulente et aux cheveux noirs, qui s'appelait Sukey et portait des bijoux indiens d'argent et de turquoise ainsi que des robes hawaïennes peintes à la main. Art était un homme aimable d'une quarantaine d'années, qui avait travaillé dans la publicité jusqu'au moment où, dix ans plus tôt, il avait eu des ulcères qui l'avaient envoyé à l'hôpital trois fois dans la même année. Il était alors parti et s'était installé en Floride. Il avalait des cachets contre l'acidité gastrique tout au long de la journée, sa bouche était perpétuellement sèche et ses lèvres blanches, mais il plaisantait et souriait facilement, se moquant gentiment de Sukey à cause de ses prétentions artistiques, de moi à cause de ma jeunesse et de mon inexpérience, et taquinant Ray, le peintre d'enseignes chauve et obèse, en raison de son poids et de sa calvitie.

C'était un endroit animé et agréable, surtout après l'hôtel *Coquina Key*, et j'aimais le travail qui n'était d'ailleurs pas difficile. Je construisais des panneaux de bois légers, qui mesuraient d'habitude un mètre vingt sur deux mètres quarante, je les recouvrais de papier coloré ou de feuilles d'aluminium, je peignais des paravents et des toiles de fond, je nettoyais les pinceaux et le sol de l'atelier. L'après-midi, je montais pour Ray les enseignes destinées aux chefs de rayon, je déjeunais avec les vendeurs et le reste du personnel à la cafétéria du magasin au rez-de-chaussée, et, en sortant du travail, j'allais boire quelques bières avec Art, Sukey et Ray. Ensuite, je rentrais en sifflotant chez moi, dans ma chambre chez Mrs Treworgy où, après le dîner, je dessinais, généralement des autoportraits maussades, je lisais et me préparais à écrire mon journal.

J'eus dix-neuf ans au printemps, et partout s'épanouissaient des hibiscus roses, blancs et jaunes, du jasmin odorant, des lauriers-roses couverts de fleurs. Les palmiers s'agitaient sous le souffle d'un vent tiède venant du golfe, et les tamariniers entrechoquaient leurs longues cosses sombres, tandis que, dans les jardins, les orangers offraient à la cueillette des fruits énormes et juteux. Je portais des chemises à manches courtes, de légers pantalons de coton, des sandales, et je sentais peu à peu mon corps cesser de se courber sous le souvenir du froid de la Nouvelle-Angleterre et commencer à se développer, à s'ouvrir à ce nouveau monde. J'étais bronzé et bien nourri, musclé et débordant de santé, et mon esprit, naturellement, se tourna d'une façon obsédante vers les femmes.

Bien que ce ne fût là qu'un répit, pour la première fois depuis le mois de décembre je me sentais libéré du sentiment de culpabilité d'avoir échoué dans la vie avant même d'avoir tenté d'y réussir. Aussitôt délivré de cette impression tellement complexe et écrasante, je tombai dans le piège du désir. Non pas du désir ordinaire, mais de celui d'une fin d'adolescence, un désir virginal de Nouvelle-Angleterre, engendré par le croisement de la chimie et de la curiosité, un désir qui n'était ni retenu, ni guidé par aucun souvenir, une soif qui ne cherchait pas seulement à se satisfaire et à s'étancher, mais aussi à prendre sa revanche. Pour la première fois de ma vie, je me sentais heureux, et donc tout ce que je voulais était de retrouver le temps perdu et les occasions manquées. Je voulais prendre ma revanche sur toutes ces lycéennes catholiques qui avaient dit « Stop », et je n'avais pas été plus loin, tous ces plongeons dans la passion qui avaient été gelés en d'impossibles positions, immobilisés au-dessus de sièges de voiture, sur des canapés, des banquettes, des moquettes de salon, des serviettes de plage et des hamacs, sur tous ces coussins tachés de sperme jetés sur le revêtement ininflammable de sous-sols en boiseries de pin.

Les mâles de l'espèce cessèrent d'exister. En allant au travail le matin, je ne voyais que des femmes et des filles montant et descendant des autobus, sortant des voitures en stationnement, de longues jambes brunes tendant des jupes serrées contre de tendres cuisses, des blouses dont l'unique fonction semblait de me faire remarquer les seins. Lors du déjeuner à la cafétéria, les yeux gonflés et larmoyants, je contemplais les femmes noires derrière le comptoir, les premières que je voyais de près, toutes d'ombres brunes et noires, depuis la couleur café et le doré clair jusqu'au rouge érable et à l'acajou, leurs yeux sombres regardant droit à travers ma personne comme si j'étais invisible, et quand je tentais un sourire pour être vu et que de temps à autre j'y réussissais, je baissais rapidement les yeux et remontais la file vers la caisse où, tout en payant, je scrutais la cafétéria à la recherche de la fille qui s'était trouvée à côté de moi dans la queue, une vendeuse qu'une fois j'avais entendue discuter de maquillage avec Sukey dans l'atelier au sous-sol, et que j'avais observée depuis, chaque fois que j'en avais eu l'occasion, mais cependant toujours à distance respectable. Ses cheveux blond vénitien ondulant sur ses épaules me faisaient ouvrir et fermer involontairement les mains, ses grands yeux verts m'asséchaient les lèvres et son léger accent du Sud m'obligeait à respirer par petites bouffées.

C'était comme si la conscience que j'avais de mon environnement était conditionnée par un état glandulaire. Après le travail, je m'asseyais avec Art, Sukey et Ray dans un café à l'angle de la rue en face de chez Maas Brothers, et tandis qu'ils parlaient entre eux et avec moi, j'épiais les filles du magasin comme une panthère sur le point de bondir. Je les observais fumer leurs cigarettes et bavarder, leurs poignets gracieux s'agitant rapidement, leurs bracelets d'or captant la lumière et la reflétant sur les murs à travers la fumée, leurs lèvres rouges et humides happant l'air, laissant entrevoir des dents blanches et des langues mouillées et roses lorsqu'elles riaient en poussant de petits cris. Je commençais à me demander à quoi ressemblait Sukey sous l'ample robe hawaïenne qui la recouvrait des pieds à la tête, et j'imaginais sa chair comme des miches de pain chaud. En livrant à Ray des enseignes pour le rayon des maillots de bain au premier étage, je prenais l'escalator depuis le rez-de-chaussée, je humais l'air avidement et sentais l'odeur de parfum, de rouge à lèvres, d'aisselles rasées, et je trébuchais presque en arrivant en haut. J'allai à l'église avec Mrs Treworgy, me perdis dans la contemplation des adolescentes de la chorale, et, en sortant, je fis le signe de la croix. C'était de l'étourderie, car je savais que les protestants ne le faisaient pas, cependant j'expliquai à Mrs Treworgy que nous, les méthodistes, le faisions parfois. Art m'invita à dîner avec lui et sa femme, et tout au long du repas je me suis demandé comment Art le prendrait si j'avais une brève aventure avec sa femme, qui avait des cheveux noirs et bouffants et qui me demanda si les gens de Nouvelle-Angleterre parlaient réellement sans prononcer les *r*, et si oui, pourquoi ne m'exprimais-je pas de cette façon ? Je lui répondis que c'était vrai et le lui démontrai en parlant ainsi tout le reste de la soirée.

Pour me préserver d'une horrible humiliation, ou pire encore, je fis ce que les hommes font d'habitude dans ce genre de situation. Je revins au stade précédent, celui du sentiment de culpabilité, et je devins obsédé par mon travail. Je pris la décision de réussir dans ce nouveau métier, de devenir le meilleur assistant étalagiste qui ait jamais travaillé chez Maas Brothers. Je décidai qu'il était temps pour moi de me manifester. Le soir dans ma chambre je dessinais des étalages, tout était bon pour m'occuper à la fois les mains et l'esprit. Certains de mes croquis étaient des projets de vitrines exposant des robes de printemps, mais la plupart avaient pour sujet des articles moins troublants, comme des climatiseurs, des chaussures pour hommes, des tondeuses à gazon et des lampes. Parmi eux, il y en avait beaucoup d'ingénieux et de bien dessinés, et le lendemain je les laissais traîner près de l'établi d'Art et du chevalet de Sukey, j'abandonnais même mon bloc grand ouvert à côté des pinceaux de Ray quand je montais lui chercher son casse-croûte de dix heures. Je supposais que, dès qu'on me permettrait de créer et d'installer mes propres vitrines, on reconnaîtrait mon talent, j'aurais une promotion, et je serais lancé. Avec un nouveau petit jeune pour me remplacer comme assistant, Art ou Sukey seraient mutés vers une succursale plus importante à Tampa, ou dans le nouveau Maas Brothers sur le point d'ouvrir à Miami. Je suivrais quelques années plus tard, mais ne ferais que les ignorer, gravissant rapidement les échelons du métier d'étalagiste jusqu'à un poste où les seuls déplacements qui me resteraient à faire seraient horizontaux, dans l'administration, vice-président chargé de la publicité, et de là encore plus haut.

Et cela arriva. Un matin du mois de mai, j'entrais dans l'atelier en sifflotant joyeusement, comme d'habitude, quand Art me prit à part. Il m'annonça qu'on allait présenter une collection de maillots de bain cet après-midi-là et qu'on avait besoin immédiatement d'un décor évoquant une île tropicale.

— Sukey et moi sommes trop occupés à terminer ce bazar de vitrines du Memorial Day, dit-il d'une voix traînante. Pourquoi ne te ferais-tu pas la main sur l'île tropicale ?

— Tiens, oui, pourquoi pas ? dis-je.

J'ouvris mon carnet de croquis d'une chiquenaude.

— Qu'est-ce que tu as en tête, Art ? Je vais préparer quelques esquisses.

— Oh, quelque chose de simple. Ils n'en demandent pas beaucoup. Juste une toile de fond, un peu d'herbe ou de sable, un mannequin en maillot de bain et peut-être quelques spots de couleurs. Tu peux le faire. J'ai vu traîner tes dessins. Maintenant, tu as l'occasion de nous montrer comment tu te débrouilles tout seul.

Il sourit et me fit un clin d'œil.

Je composai une esquisse, un panneau d'un mètre vingt sur deux mètres quarante, avec de larges traînées roses, argentées et orange pour évoquer un coucher de soleil sous les tropiques, trois ou quatre longues palmes dans le côté supérieur gauche, et deux femmes, l'une debout, contemplant la mer d'un air mélancolique, les mains à hauteur des yeux comme si elle guettait en vain le retour de son amant, l'autre assise, admirant les fleurs de gaze roses et blanches que je projetais de répandre sur le sol.

Ensuite, je me mis au travail. Pour le châssis, j'utilisai des tasseaux de cinq centimètres par dix, au lieu des bois de moitié plus minces dont on se servait d'habitude. Je les assemblai avec des clous de sept centimètres de long, les entrecroisai verticalement et horizontalement, les découpai et les clouai sur des triangles en contreplaqué pour faire des angles droits, et recouvris chaque côté de papier métallique tendu à fond, réagrafant et dissimulant soigneusement les jointures, de telle façon qu'une fois terminé, le panneau ressemblait à s'y méprendre à un bloc compact d'acier, bleu comme la mer. Ils l'utiliseront pendant des années, pensais-je en jubilant. Et effectivement, quand je dressai le panneau, il était comme une maison bien faite, comme un chêne, ou une sculpture célèbre qui survivrait à la civilisation qui l'avait créée.

Les autres montèrent déjeuner, mais moi, je restai en bas dans l'atelier à peindre sur mon panneau des traînées de nuages et des rayons de soleil.

— N'en fais pas trop pour ce truc, me rappela Art. Tu dois terminer ce décor et l'installer avant deux heures. La présentation de la collection commence à deux heures.

— Pas de problème ! braillai-je.

J'avais sorti tout ce dont j'avais besoin et l'avais étalé avec ordre devant moi : les deux mannequins, des perruques, une blonde et une brune, des fleurs de gaze, des palmes, des spots de couleurs et des prolongateurs, ainsi que les outils nécessaires à leur installation – un marteau, un tournevis, des vis et une cornière en fer pour fixer le panneau à l'île, du papier adhésif, une agrafeuse, etc. Il ne manquait plus que les maillots.

Je téléphonai au rayon des costumes de bain, depuis le bureau d'Art. Une des vendeuses décrocha, et, bien qu'elle ne dît rien de plus que « Rayon maillots », j'identifiai sa voix instantanément. Deux notes, et je reconnus toute la mélodie. C'était la fille que j'avais par hasard entendue discuter de maquillage avec Sukey, la blonde vénitienne que j'avais observée à distance à la cafétéria, la beauté aux yeux verts, aperçue dans la foule, sur qui j'avais braqué mon œil de chasseur depuis la cabine téléphonique du coin, après le travail.

Je m'éclaircis la voix et je bredouillai que j'avais besoin de deux maillots de bain pour le décor du défilé.

— D'accord, dit-elle d'une voix mélodieuse. Nous sommes justement en train d'essayer les maillots, pour la présentation et tout ça, alors vous pourriez peut-être monter et choisir ce qu'il vous faut ?

— Certainement. Très bien. Certainement, c'est une très, très bonne idée. Euh... qui dois-je demander ? Comment vous appelez-vous ?

— Eleanor, dit-elle, et ce mot s'éleva dans mon esprit comme un gracieux oiseau marin au clair de lune au-dessus des eaux sombres des Caraïbes.

— Certainement. Très bien. Eleanor, donc. D'accord, donc...

— A tout à l'heure, carillonna sa voix à mes oreilles.

Je raccrochai le téléphone et décidai de monter mon panneau immédiatement au premier étage, pour l'installer d'abord, et ensuite aller voir quels maillots de bain s'accordaient aux couleurs de mon coucher de soleil avant de faire mon choix. Il était étonnamment lourd. En fait, je pouvais à peine le soulever. Je l'inclinai, trouvai une prise, hissai le panneau et l'emportai hors de l'atelier, me baissant vivement sous la porte pour éviter de le racler, et me débrouillai pour le monter tout en haut des larges marches menant du sous-sol au rez-de-chaussée, avant d'être obligé de prendre une minute de repos. Le magasin était bourré de clients, des femmes pour la plupart, profitant de l'heure de midi pour faire leurs courses. Beaucoup regardèrent mon panneau bleu d'un air que je pris pour admiratif, car je le considérais maintenant comme une véritable œuvre d'art.

Les escaliers roulants se trouvaient au centre du rez-de-chaussée, vaste et rempli de monde, là où le plafond descendait et s'entrouvrait, laissant voir l'étage comme une sorte de mezzanine. Je pouvais apercevoir là-haut des jeunes femmes en maillot de bain se promener çà et là, des épaules découvertes, des jambes et des bras dénudés, des pieds nus et leurs cambrures roses, des orteils.

Je soulevai mon panneau, le tins en équilibre, traversai la foule des clients avec précaution jusqu'à l'escalator, et pris place dans la file. Quand enfin je posai le pied sur les marches métalliques, le panneau pesait lourd à nouveau, je le déposai donc en plaçant un des coins sur une marche. Je regardai autour de moi avec inquiétude, levai la tête, et entrevis un bref instant la fille nommée Eleanor, portant un bikini. Il était rouge et ne dissimulait pas grand-chose, car je vis à ce moment-là qu'elle avait les seins hauts et épanouis et un nombril, ah mon Dieu, un nombril féminin – quand je remarquai quelque chose qui tombait en m'effleurant le visage, comme des petites particules de poussière. C'est alors que j'entendis au-dessus de moi un grincement épouvantable, des hurlements montèrent d'en dessous, et des débris se mirent à pleuvoir tout autour de moi. Je levai les yeux et vis que le sommet de mon panneau était en train de creuser une tranchée dans le plafond, comme une gouge qui labourait le plâtre, arrachait les fils électriques, les tuyaux, les tubes, et plus nous montions sur l'escalator, mon panneau et moi, plus nous creusions le plafond, implacablement, comme avec fureur, tandis que les femmes au-dessus et au-dessous de moi hurlaient, terrorisées, et couraient pour s'abriter de la chute de gros morceaux de plafonnage, se poussant et s'agrippant les unes aux autres.

Je lâchai le panneau, mais il tenait tout seul, inflexible comme le soc d'une charrue, coincé entre la chenille métallique de l'escalator et le plafond dont la voussure se faisait de plus en plus basse à mesure que nous approchions du premier étage. Je pouvais à présent presque le toucher en levant la main. Le panneau s'encastra dans le sol en béton armé de la mezzanine, et l'escalier métallique céda rapidement. Le panneau, en revanche, refusa de casser. Il grinça, plia un peu, mais il tint bon. L'escalator continuait à rouler pendant que le vacarme s'amplifiait – hurlements, appels au secours, chute de débris, grincements du bois contre le béton, métal pliant sous le bois – et à la fin, à l'endroit où le plafond remontait en s'éloignant de la cage d'escalier, mon panneau se dégagea d'un seul coup, se dressant comme une grand-voile, planant par-dessus la rampe, avant de dégringoler sur l'escalator voisin d'où les gens s'enfuyaient, horrifiés, tandis qu'il rebondissait lourdement en roulant sur lui-même, vers les comptoirs chargés de cosmétiques, d'articles de mercerie, de bijoux et de parfums.

D'en haut, et toujours sur l'escalator, j'observai la scène avec un détachement quasi scientifique pendant que l'escalier roulant, légèrement plié en V par le panneau, arrivait à la fente où les marches s'aplatissent une à une, soigneusement, et disparaissent. Je vis l'escalator, tordu, heurter la rainure, le sentis tout entier sous mes pieds se déformer et tressauter, j'entendis le moteur continuer à grincer, obstinément, jusqu'à ce qu'enfin il s'arrête.

Toute l'électricité du bâtiment avait sauté. Un brouillard obscur nous enveloppait, comme après une attaque de terroristes. Tout était silencieux, dans l'air tournoyaient de la fumée et de la poussière. Un gros morceau de débris roula dans un coin. De l'eau giclait aveuglément d'un tuyau éventré. Un tube au néon qui ne tenait plus que par un fil se détacha et s'écrasa sur le sol. Une femme sanglota. Une mère appela son enfant.

J'étais en haut de l'escalicr, en face du rayon des costumes de bain. Il y avait devant moi plusieurs filles en maillot, les poings serrés d'horreur devant leur bouche ouverte, les yeux rendus hagards par la peur. Une ou deux d'entre elles pleuraient doucement. J'aperçus Eleanor, je fis volte-face et redescendis en courant sans regarder, reprenant le chemin que j'avais suivi pour monter, sautant par-dessus les décombres et me frayant un passage au milieu de clients épouvantés, d'hommes stupéfaits en complet-veston, de portiers, de vendeuses. Mes pieds écrasaient du verre brisé tandis que je me dirigeais vers la porte, fuyant la foule qui avait surgi de la cafétéria, dépassant les visages blêmes d'Art et Sukey pour enfin me retrouver dehors, dans la rue. Ma poitrine se soulevait violemment, mes oreilles carillonnaient et je courais toujours, fonçant sans faire attention à la circulation tandis que les camions de pompiers et les voitures de police, toutes sirènes hurlantes, s'arrêtaient devant le magasin.

Je me retrouvai dans un petit parc, marchant de plus en plus lentement sur un sentier de graviers blancs qui faisait le tour de parterres de fleurs. Au-dessus de ma tête il y avait de vrais chênes de Virginie d'où pendait de la mousse espagnole, et des petits oiseaux voletaient autour du feuillage vert pâle. Je finis par m'arrêter. Pour la première fois depuis cette nuit neigeuse de décembre, je m'arrêtai. Je m'assis sur un banc et me pris la tête entre les mains. J'étais persuadé que si ma vie n'était pas finie, c'était tout comme. J'étais enseveli sous la honte comme dans un linceul. C'était une sensation nouvelle, horrible, car elle me submergeait, enveloppant totalement mon esprit et mon corps. Je n'en voyais pas l'issue. A ce moment, dans ce parc de Saint-

Petersburg, brûlant d'une honte infinie, j'étais chaque homme qui avait échoué, qui avait fui devant son boulot, sa famille, ses enfants, ses amis – qui avait laissé filer toutes ses chances. J'étais Bob O'Neil, soûl et menteur en Floride, mon père silencieux et muré en lui-même dans le nord du New Hampshire, et j'étais moi, le garçon qui avait gravi la colline, puis qui avait fait demi-tour, inexplicablement, et qui était redescendu les mains vides. J'étais Little Boy Blue endormi à côté de son cor tandis que les moutons erraient dans la prairie et que les vaches mangeaient le maïs. J'étais honteux pour nous tous à la fois et pour chacun en particulier.

Puis, petit à petit, je sentis la présence d'une main sur mon épaule. Je me levai et me retournai, suivis des yeux la main blanche et délicate et vis le bras d'une femme. C'était Eleanor, ses yeux verts étaient pleins de pitié, une pitié inépuisable qui faisait pendant à ma honte infinie. Elle portait le maillot rouge foncé qui m'avait tellement plu, elle s'avança, entoura ma poitrine de son bras nu et posa la tête sur mon épaule. Je sentis l'odeur de ses cheveux, et la douceur de sa peau contre la mienne.

Nous sommes restés comme ça longtemps, moi sur le banc, elle debout à côté, pleurant tous deux en silence, moi de honte et elle de compassion, jusqu'à ce qu'il fasse presque noir. Voilà comment j'ai rencontré ma première femme et pourquoi je l'ai épousée.

LE POISSON

Quand le colonel Tung échoua dans sa première tentative pour détruire le poisson, tout le monde fut étonné, même les bouddhistes. Sur les ordres du colonel, et sous le commandement d'un jeune lieutenant nommé Han, un détachement de soldats sortit de bonne heure du village, et arriva au pont. Là, les militaires quittèrent la route et se frayèrent un chemin en file indienne, à travers les massifs de bambous et les lambeaux de brume dorée, atteignant une clairière où ils foulèrent d'un pas prudent le sol spongieux jusqu'au bord de l'étang qui avait alors la taille d'un terrain de football. Leurs armes automatiques pointées vers l'eau, les soldats attendirent l'arrivée du poisson. Derrière eux se rassembla une foule importante de villageois et, comme la majorité d'entre eux étaient bouddhistes, ils s'inquiétaient et grondaient : « Quelle honte ! Quelle honte ! » Même quelques catholiques du village se joignirent à la grogne générale, bien que ce soient leurs plaintes qui au début aient attiré l'attention du colonel sur l'existence de l'énorme animal et l'aient forcé à essayer de le détruire, car les pèlerinages pour voir le poisson avaient fini par ressembler à des actes d'opposition contre son administration. Les bouddhistes des autres zones venaient en foule visiter les bouddhistes de son district, ils dormaient dans des maisons de la région, achetaient de la nourriture aux marchands locaux, et faisaient toutes sortes de transactions, jusqu'à ce qu'il semblât au colonel Tung qu'il y avait beaucoup plus de bouddhistes dans son district que de catholiques, ce qui l'effraya. D'où son opinion que les pèlerinages pour voir le poisson constituaient des actes d'opposition politique, et, de là, sa détermination à le supprimer.

Peu après que les soldats se furent alignés sur la rive, le poisson jaillit de l'eau vers le milieu de l'étang. Ce fut un tourbillon argenté au soleil matinal, un plongeon d'une ligne nette comme un unique trait de pinceau : on pensait en effet que le poisson était la réincarnation de Rad, le peintre, un des premiers disciples de Bouddha. Les soldats mirent en joue. Le lieutenant Han réitéra son ordre : « Attendez mon signal pour tirer », dit-il, et l'on vit un second tourbillon, une courbe ravissante toute de bulles argentées, plus près du bord cette fois. La foule s'était tue. Nombreux étaient ceux qui priaient en remuant les lèvres ; tous se tendaient pour voir la berge par-dessus la ligne de soldats. Tout à coup il apparut, en partie hors de l'eau, planant dans les flots comme un nuage dans le ciel, son grand œil noir examinant les soldats d'un air curieux, ses nageoires délicates, pareilles à du feuillage translucide, voletant doucement dans l'eau sombre. « Feu ! » hurla le lieutenant. Les soldats obéirent, et le rugissement de leurs armes sembla durer une éternité. L'étang entra en éruption et se mit à bouillonner en un paroxysme de fureur, et, quand l'eau se fut enfin apaisée, la foule entière se précipita sur la berge pour découvrir les restes de l'animal. Même le lieutenant et son détachement s'avancèrent dans la boue au bord de l'eau et cherchèrent le poisson, ou du moins, comme tout le monde se l'imaginait, ses débris flottant à la surface sereine du bassin. Mais ils ne virent rien, pas le moindre lambeau, jusqu'à ce qu'ils distinguent une forme arrondie dans l'eau vers le milieu de l'étang, puis le poisson tournoya et plongea, envoyant une vague balayer la grève. La foule hurla de joie, mais les soldats et le jeune lieutenant lancèrent une bordée de jurons, car ils savaient que le colonel Tung n'allait pas aimer ça, pas du tout.

Ils ne s'étaient pas trompés. Le colonel Tung ôta ses lunettes de soleil, fixa le lieutenant d'un regard furieux, puis pivota sur sa chaise pour s'exposer un instant au ventilateur électrique. Enfin, il dit en réajustant ses lunettes : « Supposons qu'un sous-marin ennemi fasse surface la nuit dans cet étang pour introduire chez nous des espions et des saboteurs. Avez-vous les moyens de le détruire ? » Il tapota le bout d'une cigarette pour la mettre dans un fume-cigare d'ébène et l'alluma. Le lieutenant, qui, comme le colonel, avait été formé à l'école militaire mais avait rapidement adapté ses techniques à la vie de province, répondit que oui, qu'il pourrait détruire un pareil ennemi. Il dit qu'il lui suffirait de miner l'étang et d'actionner le détonateur depuis la berge. « En effet, dit le colonel. Cela me paraît une bonne idée », et il se replongea dans son travail.

A bord d'un canot, les soldats disposèrent dans le lac une dizaine de mines de la taille d'un gâteau. Elles étaient reliées entre elles, à un détonateur et à une batterie à l'aide de fils électriques bien isolés. Quand tout fut fin prêt et le périmètre évacué de tout civil, le lieutenant Han déclencha le mécanisme à l'abri d'un remblai de terre érigé à cet effet. Il y eut un grondement profond, saccadé, et la surface de l'étang s'envola en produisant un vent humide et puissant comme une tempête, qui arracha les feuilles des arbres et plia jusqu'au sol les tiges des bambous. Juste après l'explosion, tous les villageois qui n'étaient pas déjà sur place se précipitèrent vers le bassin et se rallièrent à la foule qui l'entourait. Toute la vie de l'étang et de ses alentours paraissait anéantie et flottait à la surface : carpes, écrevisses, éperlans, poissons-chats, anguilles, tortues, crapauds, aigrettes, bécasses, pécaris, serpents, chiens sauvages, lézards, colombes, mollusques et toutes les plantes des profondeurs, les hautes herbes, les graminées et les roseaux, les banians, les palétuviers et les autres arbres aux racines subaquatiques, ainsi que les buissons en fleurs et les nénuphars qui naguère ondoyaient à la surface. Tout ce qui avait été en vie paraissait mort. Bien des gens pleuraient ouvertement, certains priaient, brûlaient de l'encens ou psalmodiaient, et d'autres, d'un esprit plus pratique, couraient çà et là avec des paniers pour ramasser cette récolte inattendue. Le lieutenant et ses soldats sillonnèrent les abords du bassin à la recherche du poisson géant. Comme ils ne le trouvaient pas, ils ramèrent jusqu'au milieu de l'étang pour y poursuivre leur fouille. Mais là encore, parmi les centaines de plantes et de poissons morts, parmi les oiseaux et les animaux qui flottaient sur l'eau, ils ne virent ni l'immense poisson argenté, ni de carcasse qui puisse justifier un tel carnage. Alors, comme ils revenaient vers le rivage, le lieutenant qui se tenait à la proue, et qui de la main se protégeait les yeux de l'éclat laiteux et aveuglant de l'eau, aperçut le premier et à nouveau le flanc luisant et onduleux du poisson géant, sa nageoire dorsale pareille à un noir couteau leur coupant obliquement la route à l'avant, puis disparaissant et réémergeant à l'arrière du canot, avant de se retourner brusquement et de mettre le cap droit sur le petit bateau bondé. Les hommes hurlèrent de frayeur, mais, au tout dernier moment, le poisson fit volte-face et plongea dans la profondeur des eaux sombres. Des applaudissements éclatèrent sur la berge, où la foule avait tout vu et, dans l'instant qui suivit, résonnèrent tambours, cymbales et chants de toutes sortes qui accompagnaient les applaudissements, tandis que les soldats, d'un air lugubre, ramaient lentement vers le rivage.

La renommée du poisson aux pouvoirs miraculeux se répandit rapidement dans tout le pays, et des troupeaux de croyants entreprirent le pèlerinage à l'étang où ils installèrent des tentes et des baraquements sur la grève. Bientôt, il y eut autant d'habitations autour du lac que dans le village, lieu du quartier général du district dont le colonel avait la charge. Et bien sûr, cela l'inquiéta, car ces pèlerins étaient bouddhistes, beaucoup d'entre eux même fanatiques, et lui, en tant que catholique, n'était plus très sûr de pouvoir les maîtriser. « Il nous faut anéantir ce poisson », dit-il au lieutenant. Ce dernier suggéra alors que ses hommes et lui feignent de se joindre aux pèlerins et jettent des morceaux de pain dans l'eau pour nourrir l'animal, comme le voulait la nouvelle coutume. Ils feraient cela du bateau, dit-il, en utilisant des bouts de pain exceptionnellement appétissants, et quand le poisson serait habitué à s'alimenter de cette façon et s'approcherait du bateau sans méfiance, ils lanceraient dans l'eau des grenades peintes en blanc comme le pain, et le poisson, qui n'y verrait que du feu, en avalerait une ou deux, ou même toutes, comme il le ferait si c'était réellement du pain, et l'affaire serait réglée. Le colonel Tung trouva ce plan judicieux, et il envoya son homme avec mission de le mettre immédiatement en œuvre. Le colonel était agréablement surpris par l'ingéniosité du lieutenant Han, malgré les problèmes que cela pourrait poser ultérieurement ; car si son stratagème marchait, il serait obligé de lui accorder une promotion, ce qui pourrait donner à Han l'idée de convoiter le poste de commandant de district de son supérieur. Ce maudit poisson, pensa le colonel, pourrait bien être pour moi la pire des choses.

Il apparut bien vite que le plan du lieutenant Han se déroulait comme prévu, car le poisson, qui s'avérait avoir encore grossi et atteint une taille plus colossale que jamais, venait sans crainte près du bateau et s'y frottait affectueusement. C'était du moins ce qu'il semblait aux soldats lorsque, deux fois par jour, ils ramaient jusqu'au milieu de l'étang pour y jeter de gros bouts de pain. Chaque fois, le poisson gobait les morceaux, en débarrassait l'eau entièrement puis s'en allait à toute vitesse. Sur la berge, les gens applaudissaient, car eux aussi avaient mordu à l'hameçon : ils croyaient que sur les ordres du colonel les soldats avaient fini par apprécier le poisson à sa juste valeur et par se rendre compte de ce qu'il pourrait apporter au district entier, aux catholiques comme aux bouddhistes, car, semblait-il, tout le monde tirait profit de sa présence – loueurs de tentes, menuisiers, cultivateurs, épiciers, marchands de vêtements, bûcherons, écrivains publics, entrepreneurs de toutes sortes, même les amuseurs, les musiciens et les jongleurs, et bien sûr les fabricants d'autels et d'images pieuses et aussi de peintures et de paravents qui avaient prétendument été composés par Rad lui-même, l'artiste, l'un des premiers disciples de Bouddha, dont le poisson géant était la réincarnation.

Quand le lieutenant Han donna enfin l'ordre de larguer avec le pain les grenades préparées à cet effet, quelques soldats hésitèrent. Ils ne voyaient pas d'objection à faire exploser le poisson, mais ils appréhendaient la taille de la foule qui maintenant habitait plus ou moins sur la plage et qui, comme d'habitude, les observait dans l'espoir de voir le poisson faire surface pour se nourrir. « Cette fois, si nous réussissons à détruire cet animal, dit un soldat, il se pourrait bien que tous ces gens ne nous laissent pas regagner le rivage. Ils sont maintenant plusieurs milliers, catholiques et bouddhistes, et nous ne sommes que dix. » Le lieutenant fit remarquer que la foule n'était pas armée tandis qu'eux-mêmes possédaient des fusils automatiques qui leur permettraient de se frayer facilement un passage depuis la berge jusqu'à la route et au village. « Dès que le poisson aura disparu, les gens partiront et tout rentrera dans l'ordre. » Les soldats reprirent courage et se mirent à lancer dans l'eau autant de grenades que de morceaux de pain. Le poisson, grand comme une maison, qui était resté tapi tranquillement à la poupe du bateau, s'avança majestueusement, et, d'une seule bouchée, emporta à la fois le pain et les grenades. Il s'éloigna et se retourna, exposant au soleil son ventre argenté, d'un air reconnaissant, et la foule poussa des cris de joie. La musique s'éleva, joyeuse, accompagnée de tambours, cymbales et flûtes, et monta vers les cieux en volutes d'encens tourbillonnantes, tandis que les soldats, furieux, ramaient vers la berge. La barque racla les graviers, les militaires sautèrent au sol, traînèrent le canot dans la boue, et traversèrent rapidement la foule pour rejoindre la route. Comme ils atteignaient la chaussée, ils entendirent la première explosion, puis les autres qui se succédaient rapidement, un enchevêtrement de bang mêlés les uns aux autres, au fur et à mesure qu'éclataient les grenades, en plein air, semblait-il, hors de l'eau, et sûrement pas dans le ventre du poisson. C'était comme si l'animal recrachait les grenades juste avant qu'elles n'explosent, créant un véritable feu d'artifice au-dessus de l'étang, et c'est sans doute cela qui fit se rassembler les gens sur la grève pour entamer un concert d'applaudissements soutenus et stupéfaits, suivis de chants qui se prolongèrent durant la journée entière et la nuit qui suivit.

Du coup, la réputation du poisson miraculeux décupla, et des autobus entiers de pèlerins vinrent de localités de plus en plus lointaines, de Saigon et de Bangkok. A bicyclette, à dos d'âne, en camion et en char à bœufs, les gens arrivaient à l'étang par la route poussiéreuse du village. Là, tous ceux qui pouvaient encore trouver une place descendaient sur la grève pour implorer le poisson de les aider, surtout à vaincre la maladie et les blessures, car on pensait que l'animal était particulièrement efficace dans ce domaine. Certains priaient pour devenir riches, pour trouver l'amour ou pour se venger de leurs ennemis et, bien que ces vœux n'eussent que peu de chances d'être exaucés, pensait-on, il n'y avait pas de mal à essayer. La plupart de ceux qui venaient maintenant repartaient avec des récipients remplis d'eau puisée dans l'étang. Ils arrivaient chargés de bols, seaux, boîtes de conserve, bocaux, gourdes, même de tasses, et ils emportaient l'eau dans leurs foyers aux quatre coins du pays, où la plupart d'entre eux la vendaient en petites fioles à des prix faramineux à leurs malheureux voisins et amis qui n'avaient pas la possibilité d'entreprendre le long voyage vers le lac. Les soldats aussi, quand ils traversaient le district du colonel Tung, se rendaient à l'étang pour remplir leurs gamelles de l'eau miraculeuse. Plus d'une fois, un hélicoptère atterrit sur la grève, des soldats en jaillirent, coururent vers l'étang, remplirent leurs gamelles et revinrent à l'hélicoptère qui redécolla. Ainsi, quand le lieutenant Han proposa au colonel Tung d'essayer de détruire le poisson, cette fois en empoisonnant l'eau du bassin, ce dernier s'y opposa. « Je crois qu'au lieu d'essayer de tuer le poisson, nous ferions mieux d'apprendre comment l'utiliser à notre profit. Il est devenu trop dangereux de risquer de choquer le peuple en lui enlevant ce qui est devenu sa principale source de revenus, objecta-t-il. J'ai autre chose en tête, mon garçon, une taxe sur l'eau exportée de ce district. Un impôt modique, insuffisant pour décourager les pèlerins, mais qui couvrirait les efforts et le coût de la collecte. » Le colonel sourit d'un air rusé et chargea son lieutenant du travail. Plus question de promotion, pensa-t-il, car il n'y a aucun héroïsme à lever un impôt.

Et ainsi, le district s'installa dans une atmosphère proche du calme et de l'ordre. Cela plut à tout le monde, au colonel Tung surtout, mais également au lieutenant Han qui parvenait à collecter la taxe d'une manière tellement efficace qu'il était capable d'en prélever un petit pourcentage pour lui-même sans que personne le remarque. Cela plut aussi aux soldats, qui se sentaient beaucoup plus en sécurité en récoltant des impôts qu'en essayant d'anéantir un poisson miraculeux et adoré de tous, et à la population elle-même, qui, maintenant qu'elle payait une redevance pour avoir le droit d'emporter de l'eau de l'étang, ne doutait plus que cette eau possédât le pouvoir magique de guérir les maladies et les blessures, de faire voir les aveugles, marcher les estropiés, entendre les sourds, parler les muets. L'automne succéda à l'été, l'hiver à l'automne, et rien ne changea dans le district, jusqu'au printemps, où tout le monde se rendit compte que le diamètre de l'étang était beaucoup plus petit qu'aux printemps précédents. Cette année-là, les pluies estivales furent abondantes, bien qu'elles n'aient rien d'exceptionnel, et le colonel espéra que le lac retrouverait ainsi son étendue antérieure, mais il n'en fut rien. En septembre, au début de la saison sèche, le colonel tenta de rationner la quantité d'eau puisée dans le bassin. Cela se révéla impossible, car, à présent, nombreux étaient les gens qui avaient eux-mêmes de nombreuses raisons pour continuer à emporter de l'eau. On pratiquait dans plusieurs villes un marché noir considérable et, pendant la nuit, des camions-citernes descendaient furtivement sur la berge où ils pompaient des milliers de litres ; et, le matin suivant, le niveau avait encore baissé d'une trentaine de centimètres et, tout autour, une nouvelle auréole de boue apparaissait au-dessous de l'ancien littoral.

Et puis arriva le jour où l'étang fut à peine assez grand pour contenir le poisson. Le colonel, arborant lunettes de soleil, écharpe blanche et fume-cigare, le lieutenant Han et les soldats, ainsi que de nombreux pèlerins, traversèrent la boue qui était déjà en train de sécher et gagnèrent le bord de l'eau. Ils firent cercle autour du minuscule bassin qui n'était plus maintenant qu'une grande flaque, et examinèrent le poisson. Il était couché sur le flanc, à moitié exposé au soleil. Une ouïe s'entrouvrait et se refermait, mais pas la moindre goutte d'eau n'en baignait l'intérieur, d'un éclat rouge sang. Il n'avait plus qu'un œil dans l'eau, l'autre, qui émergeait, était déjà voilé et prenait une teinte laiteuse. Un pèlerin, qui justement portait un seau, se pencha, le remplit d'eau et en aspergea le flanc du poisson. Un autre pèlerin le rejoignit avec une gourde, et deux soldats retournèrent au campement pour revenir avec une douzaine de récipients, de toutes sortes et de toutes tailles, qu'ils distribuèrent aux autres, y compris au colonel. Bientôt, tout le monde plongeait son récipient dans l'eau et en arrosait le flanc argenté du poisson énorme et immobile. Cependant, vers midi, le soleil avait évaporé toute l'eau, et on recueillait dans les récipients davantage de boue que de liquide. Quand le soir tomba, ils avaient enterré le poisson.

LE GOULET

Le jeune homme surnommé Freckle Face, et qui s'appelait en réalité Naldo de Arauja, était conducteur d'autobus sur un trajct dangereux – il traversait le Goulet, longeait le front de mer jusqu'à l'aéroport et retour, faisait demi-tour à Central Square comme tous les bus, et recommençait – ceci quatre fois par jour. Il n'avait que vingt ans, il était célibataire, gagnait assez bien sa vie comme conducteur, et, malgré ses taches de rousseur en abondance et ses cheveux roux, il plaisait aux femmes, peut-être parce qu'il avait beaucoup d'argent à dépenser pour les emmener danser, leur payer du Johnnie Walker Red et leur offrir de petits cadeaux, des bas nylon ou des animaux en peluche. Il vivait pour les femmes, ainsi qu'il le disait souvent lui-même, et quand on le dévalisa dans son autobus deux fois la même semaine, en plein jour, dans le Goulet, il en éprouva une telle fureur qu'il aurait bien tué quelqu'un, surtout après que les flics se furent moqués de lui et qu'au dépôt le chef de station lui annonça que s'il se faisait voler encore une seule fois ce mois-là, il serait renvoyé.

— C'est le règlement de la compagnie, Freckle Face, dit-il. Trois fois en un mois et tu t'en vas, mon vieux.

Le contremaître était debout dans le garage, son bloc-notes à la main, attendant les clés du bus.

— Pourquoi ? demanda Freckle Face. Qu'est-ce que

ça peut bien arranger de virer le chauffeur ? Explique-moi ça.

— Il arrive que les conducteurs soient de mèche avec les voleurs. Je ne dis pas que tu ferais une chose pareille, mais tout de même, la compagnie doit bien avoir une règle. Tu sais comment c'est.

Freckle Face tendit les clés, sortit du garage d'un pas décidé, alla droit chez un parieur qu'il connaissait dans le Goulet, à deux pâtés de maisons de là où il habitait, et acheta un calibre 45 bleu foncé avec une boîte de balles. Il mit le revolver chargé dans son sac de déjeuner et quand, quelques jours plus tard, il s'arrêta au croisement d'Angelina et de Fourteenth Street pour laisser monter deux hommes portant des vestes de safari brunes et froissées qui dissimulaient les pistolets enfoncés dans leur ceinture, Freckle Face attendit simplement qu'ils aient payé et se soient assis, l'un au fond et l'autre juste derrière lui, comme le font d'habitude les voleurs. Il saisit son sac de déjeuner sur le sol, en sortit le calibre 45, se retourna, et tua l'homme qui était derrière lui d'une balle dans l'œil.

L'autre bondit dans la rue par la porte arrière et se mit à courir. Freckle Face s'empara du pistolet du premier homme, qui était tombé sur le sol, enjamba le corps et sauta à son tour sur la chaussée comme Gary Cooper ou Clint Eastwood, un revolver dans chaque main. Les gens dans le bus, dans la rue et sur les trottoirs, en majorité des femmes et des enfants à cette heure de la journée, étaient terrifiés. Il y en avait qui criaient, mais quand Freckle Face se rua aux trousses du second voleur, tout le monde recula et l'acclama. Il attrapa le bonhomme dans une ruelle en cul-de-sac derrière un restaurant pakistanais et tira sur lui deux fois : d'abord dans la poitrine, et ensuite de plus près, dans la tête. Il lui prit aussi son revolver et marcha rapidement vers l'autobus qui stationnait toujours au croisement d'Angelina et de Fourteenth Street, les portières ouvertes et le moteur en marche. Il monta dedans, s'empara du corps du premier voleur qu'il vira dans la rue, rangea les trois pistolets dans son sac de déjeuner et reprit son trajet le long d'Angelina Street puis vers l'aéroport.

Lui-même ne parla jamais à personne de ce qui s'était passé, mais tout le monde fut très vite au courant – le chef de station, les autres conducteurs, les habitants et les commerçants du Goulet, et les voleurs. Les gens se mirent à attendre tout spécialement l'autobus de Freckle Face, laissant passer les précédents. Il avait beaucoup de succès avec les femmes sur son parcours. Elles lui souriaient et relevaient un peu leurs robes sur leurs cuisses en montant les marches de son bus, puis elles déposaient leurs pièces lentement, une à une, dans sa main. Bien sûr, personne ne disait à Freckle Face qu'il savait ce qu'il cachait dans son sac de déjeuner, et personne non plus ne raconta rien à la police. Quand les agents arrivèrent en voiture dans le Goulet pour emporter les deux cadavres, tous les passants prétendirent ne rien savoir quant à la façon dont ces hommes étaient morts. « Qui sait ? » disaient-ils en haussant les épaules. « Quelqu'un a déposé les corps là pendant la nuit ou peut-être ce matin quand personne ne regardait. Ça arrive tout le temps, ici. Vous le savez bien. »

Du côté nord du Goulet, près du dépôt de bus, un jeune homme qu'on appelait Chink mais dont le vrai nom était Felipe da Silva travaillait dans la boulangerie de ses parents avec sa mère, son père et ses deux jeunes sœurs. Un matin qu'il arrivait au travail en retard avec la gueule de bois, et qu'il s'attendait au sermon habituel de son père, il se retrouva sur le théâtre d'un massacre. Quelques instants auparavant, des voleurs s'étaient introduits dans le magasin et avaient tué à coups de revolver et de machette les quatre membres de la famille de Chink et deux clientes, des dames âgées du quartier. Les murs blancs, le sol, même les plafonds, étaient éclaboussés de sang, cartes macabres indiquant où ces personnes avaient trouvé la mort, et de quelle façon. Les sœurs de Chink avaient été abattues à coups de pistolet dans le magasin même où elles travaillaient, derrière le comptoir, et les deux vieilles dames du voisinage avaient été tuées près de la porte, chacune d'une balle derrière l'oreille. Elles étaient probablement entrées en plein hold-up. Le père de Chink avait été fauché d'un coup de machette dans le couloir menant à la pièce du fond où se trouvaient les fourneaux, et sa mère, elle aussi pratiquement coupée en deux par une machette, avait été abattue près de la porte de derrière alors qu'elle était manifestement en train de fuir le massacre.

Chink s'arrêta devant chacun des cadavres, l'examina un court instant, l'enjamba pour passer au suivant en prenant soin de ne pas marcher dans les larges traînées de farine et de sang coagulé, et se fraya un passage vers l'arrière du magasin où il trouva le corps de sa mère. Ouvrant la porte donnant sur la ruelle à l'arrière, il sortit, et quand il s'agenouilla sur le sol, comme pour prier ou pour vomir, il vit plusieurs empreintes de pas, blanches, qui descendaient vers l'arrière du bâtiment.

A l'instant, Chink entama la poursuite de celui ou de ceux qui avaient laissé les traces. Il prit la ruelle en courant, tourna à gauche derrière le bâtiment, escalada une palissade de bois branlant pour passer dans une autre allée, traversa une cour de terre battue donnant sur l'arrière d'une demi-douzaine de baraques aux toits de tôle ondulée et suivit les empreintes de pas blanches à travers la cour jusqu'à une vieille fourgonnette vert foncé, sans roues, posée sur des blocs de parpaing. Il marcha sur la pointe des pieds vers la porte arrière du véhicule, tendit l'oreille et entendit à l'intérieur des hommes en train de compter les quelques misérables dollars qu'ils avaient dérobés à la boulangerie. D'abord, il coinça la poignée d'ouverture avec un bout de vieux tuyau de fer. Puis il repartit dans la rue jusqu'à une station-service où il vola hardiment un bidon de vingt litres d'essence qu'il rapporta à la camionnette. Là, il arrosa d'essence le sol de terre battue autour du véhicule et tout particulièrement près de la portière arrière, en versa encore sur le toit et les côtés. Enfin, il gratta une allumette, la lança sur le camion et s'enfuit en courant.

Des gens avaient observé toute la scène depuis le début, mais personne ne fit ni ne dit rien pour retenir Chink. Quand le camion explosa, telle une boule de feu, les habitants des baraques, qui étaient pour la plupart des mères portant leur bébé sur la hanche, crièrent avec un plaisir évident. Plus tard, quand les pompiers eurent éteint les flammes et ouvert la portière arrière du véhicule, on découvrit, recroquevillés à l'intérieur, trois corps rendus tout à fait méconnaissables. Nul, dans les baraquements, ne savait qui ils étaient, comment ils s'étaient retrouvés enfermés dans la camionnette ni qui l'avait inondée d'essence et y avait mis le feu. « Nous étions à l'intérieur en train de préparer à manger », répondirent les gens. Et personne – du moins dans la police ou chez les pompiers – ne fit le rapprochement entre cette étrange incinération de trois jeunes hommes dans une camionnette et le massacre de six personnes dans une boulangerie deux pâtés de maisons plus loin. Mais dans le Goulet, tout le monde avait fait le lien et parlait de Chink avec sympathie et admiration, même ceux qui le considéraient comme un fainéant, un playboy ivrogne entretenu par une famille travailleuse.

Puis il y eut Saverio Gomez Macedo, surnommé Tarzan à cause de sa haute taille, de son physique herculéen et de la façon particulière qu'il avait de crier avec les mains en porte-voix autour de la bouche, comme il aimait le faire en commençant sa journée. Il émergeait de son hamac sous le porche de la baraque de sa grand-mère, faisait un pas vers le réservoir dans la ruelle où il y avait déjà une file de gens qui attendaient de remplir leurs casseroles et leurs pots pour la cuisine, il poussait son cri et frappait son énorme torse avec bonhomie.

En échange des soins qu'il prodiguait à sa vieille grand-mère percluse d'arthrite, Tarzan était autorisé à dormir sous le porche de sa cabane. De temps en temps, il se faisait engager comme journalier pour transporter des briques ou poser les canalisations des égouts près du front de mer où le gouvernement construisait des hôtels pour les étrangers, mais la plupart du temps il n'avait pas d'argent et dépendait pour tout de sa grand-mère. Elle, à son tour, dépendait de ses enfants, les oncles et les tantes de Tarzan, dont plusieurs vivaient maintenant en Floride et lui envoyaient parfois de l'argent.

Celle des filles qui avait été la mère de Tarzan était morte d'un cancer plusieurs années auparavant, et personne ne savait qui était son père. De ce fait, Tarzan et sa grand-mère se sentaient aussi proches que mère et fils. Ils passaient la plus grande partie de leurs journées assis sous le porche de guingois et ombragé de la minuscule cabane, d'où ils regardaient passer les gens. Ils bavardaient et comméraient, évoquant les jours anciens et les gens qu'ils connaissaient. Malgré sa taille imposante et son euphorie évidente, Tarzan ressemblait par bien des côtés à un petit vieux, ce qui, bien sûr, plaisait énormément à sa grand-mère et amusait tous ceux qui les connaissaient dans le quartier.

Pour cette raison, beaucoup furent surpris de la transformation que subit Tarzan quand sa grand-mère fut tuée. Sa mort fut un accident malheureux, et peut-être s'attendaient-ils à ce qu'il l'accepte comme tel, car c'est ce qu'ils auraient sans doute fait. Mais il y vit, lui, un assassinat de sang-froid. Deux revendeurs de drogue du quartier qui se disputaient pour une question d'argent, comme cela arrivait souvent, s'étaient mis à se poursuivre l'un l'autre dans les ruelles et les cours du voisinage. Comme ils se tiraient dessus dès qu'ils s'apercevaient, l'un d'eux (on ne sut jamais lequel) abattit la grand-mère de Tarzan, qui était assise sur le porche en attendant que son petit-fils rentre du magasin. Elle mourut sur le coup d'une balle dans la gorge, juste au moment où Tarzan, arrivant à l'angle de la rue, vit les deux dealers se précipiter entre les voitures, toujours en se hurlant des insultes, et quitter le quartier pour se diriger vers un autre. Il rugit, se martela la poitrine avec fureur, effrayant ceux qui l'entendirent, et se lança à la poursuite des vendeurs de drogue.

Il les rattrapa tard ce soir-là dans l'arrière-salle d'un bar des environs de l'aéroport. Ils avaient apparemment réglé leur différend et faisaient de nouveau des affaires ensemble quand Tarzan, grandi par la colère et l'intrépidité, pénétra dans la pièce sordide, empoigna les deux voyous, deux gringalets, et les traîna dehors. Il pleuvait, la rue était silencieuse et presque vide. Le barman et les quelques clients qui étaient présents à ce moment décrivirent plus tard, avec une sorte d'horreur, un effroi étrangement mêlé de fierté, le craquement que firent les crânes quand l'imposant jeune homme choqua l'une contre l'autre les têtes des deux individus. Ensuite, quand il vit qu'ils étaient bien morts entre ses mains, Tarzan les jeta tous les deux comme des sacs poubelles dans le caniveau et s'en alla sous la pluie. A la suite de quoi, à la fois parce que les revendeurs de drogue ne se montrèrent plus pendant quelque temps et parce qu'on respectait la douleur de Tarzan, ce dernier devint un héros dans le quartier.

Dans le Goulet, les vrais héros n'existaient quasiment pas. Les politiciens et les soldats vivaient aux dépens de la population depuis des générations, et les sportifs, les chanteurs, les acteurs, tous ces personnages dont les visages célèbres étaient utilisés pour faire acheter aux gens des choses dont ils n'auraient pas voulu autrement ou qu'ils ne pouvaient s'offrir, n'étaient plus crédibles, ni admirés, ni même enviés. Dans le Goulet, les gens étaient devenus cyniques.

C'était là leur seule défense pour éviter de se faire exploiter encore et toujours afin d'engraisser ceux qui étaient déjà bien assez gras. Ils avaient appris depuis longtemps que ce sont les pauvres qui nourrissent les riches, et non le contraire. Et finalement, quand il fut presque trop tard et qu'ils n'eurent bientôt plus rien à offrir aux riches, aux politiciens, aux hommes d'affaires, aux étrangers, les habitants du Goulet finirent par se désintéresser de tout projet et de toute entreprise, de tout plan, de toute tentative qui leur aurait demandé d'espérer. Lorsque vous laissez tomber l'espérance et que vous le faites par principe – c'est-à-dire, quand vous l'abandonnez parce que vous avez appris que l'espérance est *mauvaise* pour vous –, alors, vous renoncez aussi aux héros.

C'est pourquoi, quand Freckle Face entendit que les gens glorifiaient Chink et ensuite Tarzan, et quand il vit à quel point on les admirait pour leur peine et leur fureur, bref, quand il se rendit compte que lui et les autres étaient devenus des héros en ce lieu où il n'y en avait jamais eu auparavant, il décida d'en tirer parti aussi vite que possible, avant que les gens ne reprennent leur ancienne habitude de rejeter l'héroïsme comme une farce.

Il organisa une rencontre entre eux trois dans l'arrière-salle d'un café, près de la maison où il louait une chambre, et quand ils se furent serré la main, chacun quelque peu intimidé par les deux autres (car ils étaient aussi peu habitués que n'importe qui dans le Goulet à rencontrer des héros), Freckle Face parla tout de suite affaires. Son plan était de construire une tour de garde au centre du Goulet. L'un d'eux y serait posté en permanence, et lorsqu'il verrait se produire un vol, il donnerait le signal aux deux autres qui poursuivraient les voleurs et les tueraient.

— Dans quel but ? demanda Chink.

— Pour l'argent, répondit Freckle Face.

— Qui va nous payer ? demanda Tarzan.

— Les victimes des voleurs, expliqua Freckle Face. Nous restituons ce qui a été volé, et nous demandons un pourcentage pour notre peine.

— C'est mal de tuer pour de l'argent, dit Tarzan.

— C'est Dieu qui tue. Vous, vous ne faites qu'appuyer sur la détente, observa Chink.

La proposition l'intéressait vraiment. Depuis la mort de ses parents et de ses sœurs, la boulangerie était fermée et Chink en était réduit à mendier à Central Square avec un panneau suspendu à son cou disant : « Aidez le Justicier du Massacre de la Boulangerie ! »

Tarzan aussi avait besoin d'argent. Après la mort de sa grand-mère, ses oncles et tantes avaient vendu la baraque à un homme du quartier des Heights qui mettait en location des centaines de cabanes dans le Goulet. Par conséquent, Tarzan avait dormi ces derniers jours sous deux tôles de fer rouillé à l'arrière d'un entrepôt où il espérait trouver du travail comme magasinier dès que sa tante de Floride lui aurait envoyé l'argent dont il avait besoin pour soudoyer le contremaître.

Freckle Face ne s'en tirait pas tellement mieux. Sa popularité comme conducteur de bus avait fait baisser les recettes de ses collègues, et, ces dernières semaines, en arrivant au travail, Freckle Face avait trouvé du sucre dans son réservoir un jour, ses pneus lacérés un autre, le tuyau de son radiateur tranché ou une tête de Delco disparue. C'était chaque fois un nouveau travail de réparation interminable qui l'obligeait à rester au garage, jusqu'au moment où il ne ramena même plus la moitié de ce qu'il gagnait avant les vols. Il avait cessé d'acheter des cadeaux pour ses petites amies, et ces dernières, à leur tour, avaient cessé d'éconduire les autres garçons. Auparavant, il avait eu plusieurs femmes qui se le partageaient ; maintenant, bien qu'il soit devenu un héros, il pouvait à peine espérer qu'une seule femme l'attende après son travail pour qu'il l'emmène danser. Un héros sans argent n'est qu'un homme ordinaire.

Très vite, Freckle Face, Chink et Tarzan gagnèrent

plus qu'ils n'auraient jamais espéré. Ils s'étaient rapidement spécialisés. Tarzan montait la garde en raison de sa capacité à hurler par où s'enfuyait un voleur repéré depuis la tour de garde. Sa voix portait tellement loin et elle était si claire que chaque fois qu'il donnait l'alarme le quartier tout entier prenait immédiatement part à la poursuite et à la capture du malfaiteur. Souvent, il ne restait à Chink et à Freckle Face qu'à suivre le chemin que la foule dégageait pour eux dans la rue, à s'engouffrer dans la venelle que leur indiquaient les gens, pénétrer par la porte d'une cave qu'une vieille femme leur désignait du menton, passer dans le recoin du sous-sol qu'éclairait la lampe de poche d'un gardien, et là Chink sortait le revolver que Freckle Face lui avait donné, puis il tirait deux balles bien proprement dans la tête de l'homme. C'était la spécialité de Chink, faire feu, et il avait vraiment l'air de croire que c'était Dieu qui tuait, que lui ne faisait qu'appuyer sur la détente.

La spécialité de Freckle Face pouvait s'appeler du courtage. C'était lui qui desserrait les doigts du voleur mort sur l'argent dérobé et qui le remettait au commerçant ou au piéton qui s'était fait dépouiller. C'était donc lui qui négociait le prix de la restitution et qui divisait la prime en trois parts. Aussi, quand il apparut que s'ils le désiraient ils pouvaient étendre leur affaire vers d'autres quartiers du Goulet, ce fut Freckle Face qui s'occupa de la construction de nouvelles tours de guet, qui engagea d'autres vigies, des tireurs et des encaisseurs. Ce fut lui qui sut confier à Tarzan la charge de tous les guetteurs pour les entraîner à placer leurs mains en porte-voix juste comme il fallait et à crier clairement, aussi fort qu'une sirène, où exactement s'enfuyaient les voleurs. Ce fut Freckle Face qui confia à Chink la mission de se procurer des armes pour les tireurs et de former ces derniers à une utilisation efficace et responsable de leurs revolvers, et, bien sûr, ce fut lui qui instruisit les encaisseurs, mit en pratique le système de commission basé sur celui utilisé par la compagnie d'autobus, et conserva les justificatifs de tous les paiements.

A présent, Tarzan possédait sa propre maison dans le quartier des Heights, où il aimait organiser des fêtes extravagantes et somptueuses autour de la piscine. Chink vivait dans une résidence de luxe sur le front de mer où mouillait toute l'année son bateau de plaisance de douze mètres, et Freckle Face couchait avec la fille du Premier ministre. Ils avaient fait du chemin depuis le Goulet et ne pensaient pas devoir y retourner un jour, surtout pas Freckle Face qui s'était fait tout un cercle de nouveaux amis qui l'appelaient Naldo et savaient à peine dans quelle partie de la ville se trouvait le Goulet.

Parfois, cependant, tard dans la nuit, Freckle Face quittait le lit qu'il partageait avec la fille du Premier ministre, s'avançait sur le sol parqueté vers les portes à claire-voie qui s'ouvraient sur la terrasse, et sortait sous la lueur argentée de la lune. Il se penchait par-dessus la balustrade, allumait une cigarette, son regard se posait sur la ville endormie et la parcourait à la recherche du Goulet. Il restait là jusqu'à l'aube à fumer en attendant que le soleil se lève et que les habitants du Goulet sortent de leurs baraques pour aller chercher de l'eau, allument les feux pour cuisiner, se dirigent vers le front de mer en quête de travail, vers l'aéroport pour mendier auprès des touristes, ou vers Central Square pour simplement paresser à l'ombre des mimosas. Freckle Face, à des kilomètres de là, du haut de sa terrasse, portant un peignoir de soie bleue et fumant des cigarettes françaises, se répétait sans cesse, comme s'il s'agissait d'une formule magique, cette incantation : Je ne vis plus là, et nul de ceux que je connais n'habite là. Les gens qui continuent à vivre là le font parce qu'ils le veulent, sinon ils iraient ailleurs. Regardez Tarzan, regardez Chink, regardez-moi !

Ensuite, il rentrait, se douchait, se rasait, s'habillait, et descendait prendre le petit déjeuner. La première chose qu'il faisait était de lire le journal du matin pour connaître les noms et adresses des malfaiteurs abattus par ses hommes le soir précédent dans le Goulet. Après le petit déjeuner, il partait au volant de sa Mercedes marron et passait chez les familles des voleurs décédés. Il présentait d'abord ses condoléances, puis sa carte, et proposait un cercueil à prix réduit avec les services de sa chaîne de pompes funèbres, Notre-Dame du Goulet. Ensuite, il faisait un tour au bureau et vérifiait les comptes. Après cela, le déjeuner. Puis une séance d'entraînement et un massage. Ensuite – qui sait ? De l'immobilier, peut-être. De l'import-export. Des hôtels. La vie réserve décidément beaucoup de surprises, pensait-il.

ADULTÈRE

A dix-neuf ans, j'avais enfreint chacun des dix commandements, sauf trois. Je n'avais pas d'idole, je n'avais tué personne et je n'avais pas commis l'adultère. En revanche, je mentais, je ne respectais pas le repos dominical, je n'honorais ni ma mère ni mon père (surtout pas mon père), et je volais – pas beaucoup, mais suffisamment pour que ce fût une infraction. Je l'avais fait pas plus tard que la semaine précédente, prélevant quelques dollars sur la recette chez Thom McAn, au centre commercial Pinella où je travaillais le soir. Vendre des chaussures constituait un emploi d'appoint – je voulais mettre mille dollars de côté en prévision de mon mariage avec Eleanor Hastings, un événement que, d'une certaine façon, j'imaginais capable de me purifier comme un baptême.

Mon mariage serait un Nouveau Départ. La nouvelle vie annulerait l'ancienne et créerait un moi tout neuf, un jeune homme qui, contrairement au précédent, ne convoiterait pas la maison de son voisin avec ses planchers décalés, ni sa femme brune et pétillante qui ressemblait à Teresa Brewer, ni sa nouvelle Dodge, son bateau, ses vacances d'été, sa haute stature anguleuse, son accent de Géorgie. Mon voisin Art était en fait mon chef au service des étalages, chez Maas Brothers où je travaillais la journée. C'était un homme bienveillant et spirituel qui me louait le petit sous-sol humide de sa maison. Je convoitais tout ce qu'il avait.

J'avais cependant remarqué que malgré son intelligence, mon voisin était un homme dépressif, malheureux d'être ce qu'il était. Du coup, si je voulais être lui, je tenais aussi à conserver le plaisir d'être moi. C'était peut-être là que résidait pour moi l'attrait principal de ce futur mariage. En recommençant ma vie dans quatre mois, je ne serais pas obligé d'abandonner mon ancienne existence. Tandis qu'en continuant à jalouser la vie de quelqu'un d'autre, si j'arrivais réellement à obtenir ce que je désirais, je perdrais par là même ce que j'aimais. A l'époque ma moralité était ainsi faite que j'opposais et préférais un mariage précoce à ma convoitise.

Toute cette anxiété me donnait la sensation d'être faible et stupide (ce qui à son tour engendrait en moi un sentiment comparable à la culpabilité), mais à part ça, le fait d'avoir enfreint et de continuer à enfreindre sept des dix commandements ne me troublait pas spécialement. Ou du moins pas profondément. Je n'étais plus pratiquant depuis bien avant que ma mère cesse de m'obliger à aller à la messe, et les menaces de damnation n'avaient pas plus d'influence sur mon comportement que les promesses de vie éternelle. La damnation ou la vie éternelle étaient comme la famine en Afrique ou les camps de concentration nazis : trop difficiles à imaginer pour me faire peur. Nous étions dans l'Amérique de 1959, et nos rêves, pour la plupart, se rapportaient encore à des variantes des souvenirs de nos parents. Des souvenirs qui s'estompaient, cependant : la Crise, ou la Seconde Guerre (comme l'appelaient mon père et ses amis), et l'agonie de Roosevelt. Au lieu de la peur, je sentais naître en moi la culpabilité.

Quant aux trois commandements restants, je les traitais de la façon dont Dieu aurait sûrement voulu que je les traite tous les dix, et j'étais sûr et certain que quoi qu'il arrive, jamais de la vie je ne transgresserais ces trois-là. Je savais que jamais, dans aucune circonstance, je n'érigerais de veau d'or devant lequel je me prosternerais ou à qui j'offrirais des sacrifices sanglants. De telles actions me paraissaient en effet revêtir un caractère sexuel ou pire, pervers. Et je ne pouvais me figurer tuer un autre être humain. J'avais essayé de l'imaginer : tuer faisait partie de nos jeux d'enfants, mais chaque fois mon esprit dérapait, et changeait (complètement) de bobine juste au moment où mon tour venait de descendre l'Oriental qui chargeait depuis le sommet du mont Chop Suey en menaçant ma gorge, mes intestins ou mes parties génitales d'un énorme poignard gurkha ou d'une machette et qui hurlait des obscénités de communiste chinois à l'égard de ma mère, de ma patrie et de ma virilité de Blanc. J'abandonnais toujours ma carabine, m'évanouissais et me réveillais dans un autre film, une comédie de Preston Sturges avec Rex Harrison dans le rôle du chef de l'orchestre philharmonique de New York.

Quant à l'adultère, quelques années auparavant, juste après leur divorce, ma mère avait fortement insinué que mon père l'avait commis. Mais je ne l'ai jamais crue. Non pas que je pensais que mon père fût spécialement honnête ; il me donnait l'impression d'être un homme peu attirant sexuellement, un homme banal, comme moi, et de ce fait, n'intéressant pas les femmes, sauf ma mère que je trouvais physiquement séduisante, bien sûr, mais idiote. De ma position légèrement œdipienne, j'estimais que mon père avait eu beaucoup de chance d'avoir éveillé l'intérêt sexuel de ma mère durant toutes ces années avant leur divorce, et plus tard son mariage avec une femme que je trouvais tout à fait dépourvue de charme le prouva.

Pour ma part, quand je serais marié, me disais-je, l'adultère serait tout à fait inimaginable, au même titre que le meurtre. Bien que puceau, j'étais par ailleurs un mâle adulte en parfaite santé, et l'idée de pouvoir faire l'amour avec une femme quand je le désirais (c'est-à-dire tout le temps, vingt-quatre heures sur vingt-quatre) me grisait à la limite du supportable. Alors la pensée de faire l'amour avec *plus* d'une femme frisait la folie pure, et, avec une assiduité opportune, j'évitais d'y penser.

Toutefois, j'étais assez avisé pour savoir qu'on peut aussi commettre l'adultère tout en étant célibataire. On pouvait faire l'amour avec une femme mariée, par exemple, la femme d'un autre. Mais cela impliquait que je mette mon pénis là où il y avait eu celui d'un autre homme, et cela aussi me semblait une sorte de folie, ou pire, de perversité, comme d'adorer le veau d'or de Jéroboam. C'était peut-être la raison secrète pour laquelle nous voulions épouser des vierges : afin d'éviter tout contact sexuel avec d'autres hommes. Néanmoins, je n'avais jamais rencontré de femme mariée par qui je me sentais suffisamment attiré pour risquer d'encourir la colère d'un mari, d'un homme sans doute plus âgé que moi. Car je n'avais que dix-neuf ans, ce que je savais être un peu jeune pour se marier, même en Floride. Je pouvais très bien convoiter la femme de mon voisin – c'était en fait une des raisons de mon mariage – mais je ne m'autoriserais pas à être attiré par elle.

C'était le mois de septembre, torride, moite, envahi d'insectes de la taille d'une chauve-souris. Il était toujours sur le point de pleuvoir ou alors c'était la dernière averse qui était en train de sécher, avec les larges feuilles dégoulinantes qui brillaient au soleil de la fin d'après-midi. Nous avions prévu de nous marier en janvier, lorsque Eleanor aurait atteint ses dix-huit ans. Ce n'était pas une question d'exigence légale (ses parents étaient ravis de la voir mariée, même à quelqu'un comme moi, si jeune, inaccompli et immature), mais je trouvais pour ma part que dix-sept ans, c'était trop jeune. Peu importait qu'Eleanor eût terminé ses études secondaires et qu'elle travaillât à temps plein chez Maas Brothers. Elle était vendeuse et mannequin, et présentait des costumes de bain tandis que je confectionnais des décors pour les étalages dans un atelier au sous-sol. Peu importait qu'elle fût aussi saine et séduisante que le pouvait être une jeune Américaine du milieu de ce siècle, et en mesure depuis maintenant quatre ans de porter un enfant. Peu importait qu'elle m'aimât follement, profondément, absolument, et que jamais elle n'en aimerait un autre. Et peu importait le fait que je croyais l'aimer de même. D'une certaine façon, malgré toutes ces dispositions sociales, biologiques et sentimentales, j'étais effrayé rien qu'à l'idée d'avoir des relations sexuelles régulières avec une fille de dix-sept ans. Non, j'attendrais qu'elle en ait dix-huit ; ensuite, je pourrais le faire. Se marier et coucher avec une *teenager* (ce que, bizarrement, une jeune femme de dix-huit ans n'était plus censée être) était courant chez les rockers comme Jerry Lee Lewis et chez les Noirs. Les jeunes Blancs de la classe ouvrière, qui luttaient pour s'élever à force de travail, de courage, de chance et de volonté, en revanche attendaient.

En patientant, on respectait une sorte de tabou. On en faisait une vertu. C'était une façon de progresser, comme de suivre des cours de comptabilité ou de réparation de télé par correspondance. On se sentait vertueux. Il ne m'est donc jamais venu à l'esprit que je ne désirais rien d'autre que de me mettre au lit avec Eleanor Hastings, de lui faire l'amour des heures durant, sans penser à rien d'autre, de m'endormir ensuite épuisé, de me réveiller et de recommencer encore et encore, de ne pas aller travailler le jour suivant, de rester au lit et suer et puer, et sécher et suer encore, pour me vider, encore et toujours, le temps qu'il faudrait pour me transformer en une sorte d'enveloppe vide. Alors je me doucherais, je m'habillerais, je fumerais une cigarette et je reprendrais la route, pour peut-être ensuite essayer Miami, Key West et enfin les Caraïbes.

Non, je croyais vouloir une femme jolie et fidèle, une compagne pour toute la vie, une mère pour mes enfants, et je pensais que c'était aussi ce que désirait Eleanor

Hastings ; parce que si ce n'était pas le cas, si la seule chose que voulait cette jolie fille était de faire l'amour avec moi, eh bien, elle n'était pas digne de devenir mon épouse ! Et bien sûr, il était hors de question que je fasse l'amour avec une femme qui n'était pas digne de devenir mon épouse. Car ce n'était *pas* de cette façon qu'on progressait en Amérique. Il n'y avait qu'à voir mon père, menuisier dans une ville industrielle du New Hampshire : il vivait avec une autre femme que ma mère parce que, de toute façon, il ne la méritait pas et donc ne la possédait pas. La vie était dure, et ceci d'une manière inégale, mais juste.

Puis, tard un soir de septembre, je me rendis avec ma Studebaker grise et déglinguée dans le nord de Saint-Petersburg – c'était à cette époque un désert de marais peu profonds, de canaux et de lotissements bon marché – pour aller au pavillon préfabriqué dans lequel Eleanor vivait avec ses parents, ses deux jeunes sœurs et son frère. Son père était carreleur. A la naissance d'Eleanor, il n'avait que dix-sept ans et sa femme seize, ce qui en faisait maintenant des gens de trente-quatre et trente-trois ans – à mes yeux, presque des vieux. Ils étaient pentecôtistes et profondément croyants. Ce n'était pas le cas d'Eleanor, à mon grand soulagement.

Ils n'étaient pas contrariés par l'apostasie de leur fille ni par mon éducation catholique, comme l'auraient été certains protestants du Nord considérés comme plus libéraux. « Le Seigneur vous montrera le chemin quand et de la façon dont Il décidera, mes enfants, déclara sa mère, le visage radieux. En attendant, nous prierons pour vous. N'est-ce pas, papa ? » dit-elle à son grand mari osseux et sévère. Il sourit du bout des dents qu'il avait petites et jaunes, le reste de son visage demeurant sans expression, et ils nous laissèrent seuls dans le salon.

Nous étions sur le canapé, l'un à côté de l'autre, les pieds plantés vertueusement sur le sol dans les longs poils du tapis. Ma main droite enlaçait la main gauche d'Eleanor, créant une chaleur, mais nous allâmes directement au vif du sujet, car les moments où nous étions seuls étaient brefs et rares, et nous devions les utiliser efficacement. Ses sœurs assistaient à une réunion d'adolescents à l'église, et le petit frère était puni dans sa chambre pour avoir dit « Ah, merde ! » à son vélo quand l'engin était retombé sur lui dans l'allée et lui avait égratigné la jambe.

Le sujet était celui de la virginité d'Eleanor, une question que je n'avais pas l'habitude d'aborder, mais vers laquelle s'étaient tournées mes pensées tout au long de la journée et maintenant même le soir, d'une manière anxieuse et irrégulière, comme une démangeaison dans le dos, tout juste hors de portée malgré mes contorsions. Peut-être cela avait-il à voir avec la chaleur de cette fin d'été qui me faisait penser aux cinémas drive-in, chez moi dans le New Hampshire, sur la route 3 à Hooksett et à Bow avec les douzaines de bagarres de lycéens l'été sur le siège arrière, et les grognements, les giclées, la jalousie autodestructrice née de l'ignorance et des fanfaronnades masculines de l'adolescence. Ou peut-être cela venait-il simplement du fait que je me rendais de plus en plus compte que je ne connaissais pas davantage le passé d'Eleanor qu'elle le mien.

— Tout ce que je sais de toi, dis-je en geignant presque, est ce que je vois et ce que tu m'as raconté.

— C'est ce que tout le monde connaît de tout le monde, chéri. C'est aussi tout ce que je sais de *toi*, dit-elle avec un accent que la Floride de la côte du Golfe avait superposé à la voix traînante du Mississippi héritée de sa mère, accélérant l'élocution d'Eleanor sans en ôter ni l'opulence et l'obscurité des voyelles, ni la douceur et le flou des consonnes.

Mon parler n'était rien de plus que cela : parler, ou du moins je l'entendais ainsi, des idées faites sons, des sentiments traduits en emblèmes et symboles. Mais le sien incarnait la chose elle-même – la nourriture, le soleil, le repos. Donc, nous n'avions que rarement de véritables conversations : je parlais, mais elle s'exprimait, et j'entendais les choses tandis qu'elle les écoutait.

— Par exemple, dis-je en m'éclaircissant la voix, je sais que tu m'as déclaré être toujours... toujours vierge, enfin, et je te crois, bien sûr. Mais il y a quelque chose qui me chiffonne, une sorte d'intuition, un truc comme ça, et je n'arrive pas à m'en débarrasser, tu comprends ?

— Non, mon amour. Où veux-tu en venir ?

J'adorais qu'elle m'appelle son amour. Elle sourit – ses grands yeux verts profonds, son nez long et fin, sa bouche généreuse et ses dents parfaites. Comment une telle déesse pouvait-elle aimer un garçon comme moi, un humain ? A moins de n'être plus vierge...

Bien sûr, j'avais raison : elle n'était pas vierge. Elle pleura, stupéfaite de mes pouvoirs de perception.

— Comment le savais-tu ? Comment ?

— Je le savais, c'est tout ! lui dis-je, une grande tristesse dans la voix. Je ne sais pas comment, mais je l'ai vu depuis le début. Dans tes yeux, peut-être, ou sur ta bouche. Quelque chose. Mais je ne pourrais pas le nier, je savais que tu n'étais pas vierge, malgré ce que tu me racontais, malgré ce que je voulais croire. Et en fin de compte – dis-je d'une voix traînante – j'aurais découvert la vérité. Ce n'est pas un secret qu'une femme peut garder toute sa vie. Une fois mariés... dis-je, et je baissai tristement les yeux vers mes mains croisées sur mes genoux, ouvertes comme pour recevoir l'hostie de la communion.

Je me sentais comme un sac plein d'eau, mais je me tenais tout droit sans bouger, je continuais à parler à voix basse, sans changer de ton, et quand elle me demanda, en larmes, si cela signifiait que le mariage était annulé, je lui assurai que nous nous marierions en janvier, comme convenu.

— Rien de vraiment important n'est changé, dis-je. Mais je voudrais connaître les détails.

— Les détails ? Que veux-tu dire, Earl ?

— Eh bien, ça fait tout de même une différence, tu comprends... la façon dont tu l'as perdue, je veux dire.

— Vraiment ?

— Eh bien... oui, c'est sûr.

— Je ne comprends pas, dit-elle. Je suis très embarrassée, Earl. Tout cela est tellement... c'est vraiment humiliant ! C'était si bête, tu comprends ? Ce n'était même pas marrant.

— Je suppose que si ç'avait été marrant, il n'y aurait plus de problème, maintenant.

— Non, bien sûr que non. Oh mon Dieu, j'ai tellement honte ! Ne m'oblige pas à te raconter ça.

— Pourtant, j'ai vraiment besoin de connaître les détails. C'est important.

— Comment ça ? Important pour quoi ? Qu'est-ce que ça change de connaître les détails ?

Je respirai à fond.

— Eh bien, il faut que je sache, par exemple, combien de fois tu l'as fait, si c'était souvent. Je crois que je devrais en savoir un peu plus au sujet de cet homme... ou de ces hommes.

— Oh, mais enfin, ça ne change rien ! Je t'aime, Earl, c'est tout ce qui compte !

Elle pleurait, des larmes coulaient le long de ses joues.

— Non, répondis-je. Ce n'est pas tout. D'autres choses comptent aussi.

Je fixai la paume de mes mains.

— Oh.

Elle réfléchit un moment, hocha la tête, et de nouvelles larmes jaillirent de ses yeux.

— Non, je ne *peux* pas ! Je ne peux *vraiment* pas te raconter ça ! Je peux déjà à peine l'admettre moi-même !

J'étais horrifié. J'imaginais des rapports sexuels tellement sordides et dégradants que, pendant un instant, je m'oubliai moi-même et sentis une bouffée de compassion pour elle. Mais ensuite quand elle parvint malgré tout à affronter ses souvenirs et me raconta l'histoire de son premier amour, un garçon avec qui elle allait au lycée et qui, lors de la fête de remise des diplômes, la soûla à la vodka-orange et la tripota sur le siège arrière de la voiture de son père – à mesure qu'elle me racontait ce triste, coupable et doux secret, je sentais ma compassion et mon sentiment de protection m'abandonner peu à peu, me laissant sec et vide et froid, un endroit désertique où soufflait un vent nocturne.

A la fin de sa confession, je me levai.

— Bon, je dois partir maintenant. Il est... il est tard, et je dois me lever tôt pour aller travailler.

Elle leva les yeux vers moi, avec dans le regard un curieux mélange de tristesse et de colère.

— Tout est fini entre nous, n'est-ce pas ?

— Non ! Non, non, c'est... *différent*, dis-je. Mais ce n'est pas fini. Il faudra juste qu'on en parle un peu plus longuement, je suppose. Mais pas maintenant. Je... je dois d'abord y réfléchir, expliquai-je, et je me dirigeai vers la porte, avant d'éclater en sanglots, de vomir ou de me casser une main en frappant le mur.

Elle me fit un signe depuis la porte tandis que je regagnais ma voiture grise d'un pas chancelant, j'ouvris la portière d'un coup sec, et me jetai à l'intérieur. Je regardai la porte d'entrée de la maison ; ils étaient là, Mr et Mrs Hastings derrière leur fille aînée, ils me faisaient signe de la main, de haut en bas, tristement, lentement, comme si eux aussi connaissaient le secret d'Eleanor, comme s'ils étaient au courant depuis le début et savaient maintenant que je l'avais deviné et que je me sauvais, le premier d'une longue liste de maris potentiels à fuir dans la nuit, furieux, trahi, blessé et presque escroqué par son propre désir.

Le problème, bien sûr, tenait à l'incohérence de mon

désir. J'étais bien trop pris dans un fatras de sentiments d'insécurité, de fierté, de peur, de colère et d'amour maternel pour évoluer normalement dans la vie des gens honnêtes. J'étais à peine conscient de mon désir ; par conséquent, j'arrivais souvent à le nier complètement, ce qui m'incitait alors à m'interroger sur les raisons pour lesquelles, déjà, je voulais épouser Eleanor.

Je me le demandais surtout quand j'étais en présence de la femme d'Art Pitman, mon voisin, patron, et propriétaire. Elle était petite, menue comme on dit, elle avait le visage rond, de grands yeux sombres et un sourire lumineux et vif. Elle s'appelait Donna, et quand je me trouvais en sa présence, la frôlant dans le couloir quand je partais au travail le matin, elle en peignoir de coton et en pantoufles duveteuses, allant chercher le journal sur le pas de la porte pour Art qui était en train de se raser dans la salle de bains, je humais son parfum, un effluve de lit, de sueur et de sexe. Je sentais mes jambes faiblir, je devenais glacé, puis tout chaud, et une rougeur m'envahissait le visage et les oreilles. Montait alors en moi le flot d'un désir qui était aussi net, évident et cohérent que celui que j'éprouvais pour Eleanor était trouble, contestable et incohérent. J'étais certain d'avoir envie de faire l'amour avec Donna, ça et rien d'autre. Je ne voulais ni lui parler, ni lui raconter mes ennuis, mes peurs secrètes ou mes ambitions, je ne voulais pas l'épater, je ne voulais rien d'autre que lui arracher ses vêtements, défaire les couvertures du premier lit accessible et foncer.

Qui peut dire ce qui éveille un désir pareil ? Selon les critères classiques, Eleanor était à tous points de vue bien plus séduisante que Donna, et de plus elle avait mon âge, contrairement à Donna qui entamait la trentaine. Peut-être aurait-il fallu inverser la nature de mes attirances envers ces deux femmes – obsessionnelle et souterraine pour Donna, saine et entreprenante pour Eleanor. Mais nous nous découvrons comme nous le pouvons, en prenant tout ce qu'on nous donne et en sachant que ce n'est que la partie d'un tout, la queue de l'éléphant, sa trompe ou son flanc large et arrondi. Nous nommons l'animal le plus précisément possible, un âne, un serpent ou une baleine, et nous nous écartons ou nous reculons rapidement, pour éviter de nous faire botter par l'âne, mordre par le serpent, ou avaler tout entier par la baleine.

Il me semble avoir passé vraiment beaucoup de temps dans des sous-sols, cette année-là : toute la journée, six jours sur sept, à l'atelier d'étalage chez Maas Brothers ; et la nuit (quand je n'étais pas avec Eleanor ou au centre commercial Pinella en train de vendre des chaussures pour Thom McAn), dans mon appartement au sous-sol de la nouvelle maison à niveaux décalés d'Art Pitman dans le quartier ouest de Saint-Petersburg. La vraie vie semblait toujours se dérouler quelque part au-dessus de moi, tandis que je peinais, marmonnais, écoutais la radio, travaillais, mangeais, me masturbais, lisais, dormais et rêvais en bas, dans mon logement humide et sombre.

Mon appartement était un studio d'une pièce avec une entrée dans le couloir commun et une sortie au rez-de-chaussée. Je ne pouvais donc aller et venir sans que les Pitman le sachent, car il m'arrivait rarement de rentrer après minuit – grâce aux principes des parents d'Eleanor. Le matin je ne partais au travail que quelques minutes avant Art. C'était le genre de vie ordonnée, sans surprises, sérieuse, que je croyais obligatoire pour quelqu'un qui désirait faire son chemin. Et comme je voulais désespérément progresser et, en fait, devenir Art, je ne trouvais cette existence ni ennuyeuse ni particulièrement frustrante.

Cependant, les choses s'éclaircissaient. Je venais juste de découvrir que la fille que je comptais épouser n'était plus vierge. Cela ne me surprit pas, mais me blessa et m'horrifia. Bien sûr, je ne savais pas que ma souffrance et mon horreur étaient inextricablement liées à ma mère abandonnée dans le New Hampshire et à mon père avec sa nouvelle femme, à la chaleur que je sentais dans les reins quand j'étais couché sur mon lit au sous-sol et que j'entendais Donna Pitman traverser la cuisine au-dessus de moi, ses hauts talons claquant sur le carrelage.

Le fait qu'Eleanor ait perdu sa virginité signifiait que je ne pouvais plus l'idéaliser, la considérer comme une pure abstraction. Ce qui l'écartait, et moi aussi par la même occasion, d'une sexualité ritualisée, la seule à ne pas me terrifier. Mais alors un feu se mit à couver au sous-sol, un bouillonnement de luxure adolescente, comme une pile de matériaux inflammables et surchauffés n'attendant plus qu'une étincelle pour prendre feu. Des ennuis, des ennuis terribles allaient surgir, et je le savais mieux que personne.

Cette nuit-là, au volant de ma Studebaker, je conduisis comme un fou, le pied au plancher, dérapant de virage en virage, coupant à travers les carrefours, faisant rétrograder la voiture encombrante et fatiguée et hurler les pneus, traversant à toute allure et dans l'obscurité le centre de Saint-Petersburg, puis roulant vers l'ouest au-delà de Webb's City et de la gare de triage, en direction de la plage, vers chez moi. Mes yeux devaient être exorbités, sans doute grinçais-je des dents, et mes doigts s'agrippaient au volant comme si j'essayais de l'étrangler, tandis que mes pensées s'embrouillaient et grondaient. J'étais frappé de terreur à l'idée de ce qui paraissait maintenant inévitable, furieux contre la fille qui me semblait responsable d'avoir rompu la digue, saboté le barrage, déclenché l'inondation. Cette *idiote* ! pensai-je. Comment avait-elle pu être si stupide ! N'avait-elle donc pas compris, pendant cette torride nuit de soûlerie, en mai, qu'elle aurait la responsabilité quelques mois plus tard de maîtriser un homme rendu fou ? Ne savait-elle pas que sa virginité serait essentielle pour que cet homme puisse fonctionner rationnellement dans le monde ? Comment avait-elle pu être à ce point *irresponsable* ? C'est fini, pensai-je. Alors là, c'est fini et bien fini. Comme les chutes du Niagara, c'est fini.

Je donnai un brusque coup de volant vers la droite et je m'arrêtai en cahotant sur le bord du trottoir devant la maison. La nouvelle Dodge d'Art, verte et blanche, avait quitté le parking, et dans la maison les lumières étaient éteintes. Je sortis ma clé en trébuchant sur les marches comme si j'étais soûl, et je tâtonnais contre la porte quand tout à coup elle s'ouvrit comme par enchantement. Donna était là, m'ouvrant la porte, et elle portait, si, si, c'est incroyable mais vrai, quelque chose qui me parut n'être rien d'autre qu'un déshabillé rose, noué à la gorge par un ruban rose, à la taille par une large ceinture de soie, et elle était pieds nus, je le remarquai immédiatement car je baissai les yeux dès que je la vis. Puis, en les relevant, je vis que ses cheveux courts et bruns étaient ébouriffés, rejetés en arrière comme si des mains passionnées lui avaient maintenu la tête en une intense contemplation de ce visage boudeur, aux lèvres pleines, aux yeux mi-clos, aux narines dilatées, à la peau légèrement étirée sur les pommettes. Eh oui, lecteur, cette nuit-là, je commis l'adultère. Je franchis la porte, pénétrai dans le couloir obscur, et pris la main de la femme qui était mariée à mon patron, un homme qui s'était opposé à ce qu'on me renvoie quand, semblait-il, tout le monde chez Maas Brothers souhaitait me voir dehors, qui m'avait accueilli chez lui comme pour faciliter mon entrée dans la vie adulte, un homme honnête, à l'esprit noble, et comparé à moi, un homme innocent. L'épouse de cet homme me mena dans son lit, et m'y garda la nuit entière, jusqu'au lever du soleil quand je me levai à mon tour puis descendis dans ma chambre au sous-sol où, pendant à peu près une heure, je méditai sur la signification de cet événement tandis que je me douchais, m'habillais et partais au travail en sifflotant.

Tout au long de cette première et longue nuit de passion brûlante et mourante, nous n'avions presque rien dit. D'abord, dans le couloir, j'avais demandé d'une voix haute et neutre : « Où est Art ? » et elle m'avait répondu : « Parti à Miami trois jours... pour le magasin. »

« Oh », avais-je fait.

Un peu plus tard, elle me demanda si c'était la première fois que je faisais l'amour à une femme, je lui répondis : « Non, non, pas vraiment. » Elle eut un petit rire charmant et se remit à couvrir de baisers ma poitrine glabre.

Quand je quittai enfin son lit, elle dit d'une voix endormie : « Earl chéri, tu es vraiment adorable. Je devrai faire attention à ce que tu ne deviennes pas une habitude. »

J'approuvai, comme si j'avais tout compris, mais je ne comprenais rien. Je *sentais* certaines choses, cependant. Par exemple, je savais qu'en une nuit, Donna m'était devenue une habitude. Ou, en tout cas, lui faire l'amour. Car devenir son ami ne m'intéressait toujours pas. Ce que je voulais à côté de moi, contre moi, autour de moi, c'était sa féminité, la douceur de sa peau, ses seins, ses tétons, la toison sombre de ses poils pubiens, ses hanches, sa bouche, ses yeux, ses oreilles – je voulais sombrer en elle comme dans une masse d'eau chaude et enveloppante, me rouler, me pelotonner et tourbillonner, flotter libéré du temps, de la peur, de la cupidité et de l'épouvante, et ne jamais revenir respirer à la surface de ce monde glacé, cet univers d'hommes, de garçons et d'avenirs qui pouvaient bien ou mal tourner.

Les rêves, les fantasmes, les convoitises, les souhaits lascifs, tout cela était en train de se réaliser d'une façon étonnante. Le jour suivant, je fonçai droit à la maison après le travail, et au lieu de descendre dans mon sous-sol pour changer de vêtements, manger et me rendre chez Thom McAn, je retournai nonchalamment à la cuisine dans la partie de la maison réservée à Art et Donna. Bien sûr elle était là, en bikini couleur chair de pastèque, sentant la crème solaire à la noix de coco, les cheveux noués avec un ruban noir derrière son cou élancé. Elle se tenait au comptoir de la cuisine, et accoudée au Formica, elle se peignait les ongles de la même couleur que son bikini, les mains pareilles à des oiseaux se frôlant du bec, ses jolis petits seins suspendus comme de tendres fruits, des prunes ou des mandarines. Elle se tourna et leva la tête quand je pénétrai dans la cuisine, sourit, puis revint rapidement à ses ongles, tandis que je l'observais dans un silence admiratif et stupéfait.

— Qu'est-ce que tu regardes ? demanda-t-elle sans lever les yeux.

J'émis un bruit incontrôlable, « Euh-heug ! » à la Mortimer Snerd, mis les mains dans les poches de mon pantalon, sentis mes cuisses, sortis les mains instantanément et commençai à faire craquer mes articulations comme un gangster de cinéma sur le point de battre quelqu'un à mort.

Donna se recula une seconde, admira ses ongles roses, et soudain, levant une jambe à la manière d'une danseuse, posa son talon sur la table et entreprit de se peindre les ongles des orteils. J'étais excité.

— Tu veux une bière ? demanda-t-elle. Il y en a dans le réfrigérateur. Donne-m'en une aussi, tu veux bien ?

Je saisis deux canettes de Colt 45, lui en présentai brusquement une, ouvris la mienne brutalement et la vidai d'un coup. Elle se tourna et m'observa, surprit mes yeux larmoyant sous l'effort d'avaler si rapidement une telle quantité de bière et dit :

— Tu dois avoir terriblement soif, chéri.

— Ouais !

Elle sourit avec bienveillance et avala avec distinction une petite gorgée de sa bière.

— Tu dois aller travailler dans ce magasin de chaussures, ce soir ?

— Ouais !

Je terminai la bière et écrasai la boîte.

— Dommage, dit-elle, revenant à ses ongles.

— Ah ouais ! Ouais, c'est dommage !

— De toute manière, tu voulais sans doute passer la soirée avec ta dulcinée. C'est comment son nom ? Eleanor ?

— Ouais, Eleanor. Mais on a... on s'est disputés, enfin presque, non... non, je ne sortirais pas si je ne devais pas aller travailler. Je traînerais probablement ici.

— Tu me tiendrais compagnie ?

Elle me jeta un bref regard et me fit un clin d'œil.

De nouveau, je fis ce bruit, « Euh-heug ! » et grimaçai un sourire.

— Eh bien, je ne serai peut-être pas encore couchée quand tu rentreras, dit-elle, et elle se pencha sur ses ongles. Art rentre demain, ajouta-t-elle, lançant cela comme si elle venait juste d'y penser.

J'avalai ma salive et ne dis rien.

— Tu t'en fais pour Art ? dit-elle. Qu'il devine ?

— *Moi ?* Bien sûr que non ! fis-je en haussant la voix. Enfin, il ne devinera jamais. N'est-ce pas ?

Elle rit.

— Allume-moi une cigarette, dit-elle en désignant du menton le paquet de Chesterfield sur la table dans le coin-repas.

J'obéis et lui glissai la cigarette allumée entre les lèvres tandis qu'elle s'affairait des deux mains sur ses orteils.

— Non, il ne devinera jamais. Ne t'inquiète pas, dit-elle, la cigarette dansant tandis qu'elle parlait.

A un mètre de distance, plus ou moins, j'examinais son derrière, arrondi et à peine couvert, ses flancs longs et étirés, le muscle de son mollet, et je mourais d'envie de faire glisser ma main tout le long de sa jambe tendue, et de la sentir frissonner sous ma paume.

— Mais attention, chéri, dit-elle en posant le pied à terre et en se tournant pour me faire face, les mains sur les hanches. Je dois te prévenir, Art a un sacré foutu caractère, alors nous devons *tous les deux* espérer qu'il ne se doute de rien. Il peut *avoir l'air* tout à fait calme, mais il te tuerait, et ensuite, il me ferait passer un mauvais quart d'heure.

— Comment... comment pourrait-il deviner ?

— Facile, dit-elle. Il suffirait que tu en parles à quelqu'un, là-bas au magasin, chez Maas Brothers, et que ça arrive à l'oreille d'Art.

Elle but une gorgée de sa bière et m'observa par-dessus la canette.

— Oh, je ne ferais jamais ça !

— D'accord, mais supposons par exemple que tu aies mauvaise conscience de sortir avec une autre femme, vis-à-vis de ta dulcinée, Eleanor. Quand est-ce que vous devez vous fiancer ? Tu auras envie d'être honnête envers elle, de clarifier la situation, tu vois, comme certains le font parfois. Alors tu lui racontes ce qui s'est passé entre nous, elle se met en colère contre moi parce que je lui vole son petit ami, ce qui est faux bien sûr, mais elle le verra ainsi. Alors, elle va tout raconter à Art, lui envoie une lettre anonyme ou lui téléphone, que sais-je ? Cela arrive, mon chéri. Souvent. Tu n'imaginerais pas de quoi certaines femmes sont capables.

— Je ne dirai jamais rien à Eleanor, de toute façon ! dis-je. Tu plaisantes ? Mon Dieu, le dire à Eleanor... Ouah.

— Eh bien, tu as tout intérêt à ne rien dire, chéri. Ça sera notre petit secret.

Elle sourit, cligna de l'œil à nouveau, et, comme elle passait à côté de moi en se dirigeant vers le vestibule, elle s'appuya contre moi et m'embrassa sur les lèvres, rapidement, mais sensuellement, un effleurement, un petit coup de langue rose et elle était passée.

— A ce soir ? demanda-t-elle depuis le vestibule.

— Ouais, je serai là vers dix heures. Un peu plus tard.

— Super. A tout à l'heure, donc, dit-elle d'une voix chantante.

Elle disparut derrière le coin et monta l'escalier.

Je me dirigeai vers le réfrigérateur, pris encore une des bières d'Art et l'avalai d'un trait. Puis je me rendis dans mon sous-sol pour me changer. En descendant, je fus assailli par l'image d'Art Pitman, immense, grandi par la fureur, ouvrant d'un coup de pied la porte de la chambre qu'il partage avec sa femme, allumant la lumière d'un coup, et moi, nu, me redressant en m'appuyant sur les coudes, comme du fond de la mer, Donna se relevant nue sous moi, puis nous hurlons tous les deux tandis qu'Art sort son revolver et se met à tirer.

Toutefois, ces visions d'épouvante ne m'empêchèrent pas de commettre l'adultère. Ni cette nuit-là après mon travail chez Thom McAn, ni une semaine plus tard, quand Art dut assister à une réunion de chefs étalagistes à Atlanta, ni un dimanche après-midi quelques jours plus tard, quand Art partit pêcher dans son *Boston Whaler*, un bateau que je lui enviais, de six mètres de long avec un moteur Evinrude de quarante chevaux. Au magasin j'évitais Eleanor mais plusieurs fois pendant cette période elle m'appela à mon appartement et nous parlâmes au téléphone, timidement, évasivement, brièvement. Et puis, un vendredi soir, nous décidâmes de nous voir. Le lendemain après le travail, nous nous retrouvâmes dans la rue devant le magasin et nous fîmes une promenade sous les chênes de Virginie dans le parc près de la bibliothèque avant de nous asseoir sur le même banc où à peine six mois auparavant nous nous étions juré un amour éternel.

Nous remarquâmes que les choses avaient changé.

— M'aimes-tu encore, Earl ? demanda-t-elle sans me regarder.

Elle portait une blouse jaune citron avec un profond décolleté festonné qui révélait sa gorge onctueuse d'une façon telle que je devais retenir ma respiration.

— Oui ! dis-je. Oui, je t'aime encore. Ça n'a pas changé. En tant que fait, je veux dire.

— Que veux-tu dire ?

— Eh bien, je suppose que bien que je t'aime encore, je ne pense pas t'aimer de la même façon, avec la même... innocence.

— Ce n'est pas toi, dit-elle, qui es allé perdre ton innocence.

— Oui, enfin, je suppose que tu pourrais dire ça. Mais de toute façon, je t'aime autant que jamais. Mais... différemment, c'est tout.

Je tentai d'expliquer que puisqu'il n'y avait pas de différence quant à la quantité de mon amour, il n'y avait pas non plus de changement essentiel au niveau qualitatif, mais elle se mit à pleurer.

— Tout ça, c'est de ma faute ! dit-elle.

Je l'enlaçai et l'attirai vers moi.

— Non, non, Ellie, ce n'est pas de ta faute. Et rien de vraiment important n'est changé. Seulement, je suis un peu perplexe... Que dois-je *faire* maintenant ? Je veux dire que je me suis retenu de faire l'amour avec toi, tu comprends, tous ces mois d'attente et de frustration, d'attente encore, pensant que cela en valait la peine parce que tu étais toujours vierge, et tout, c'est une chose qu'un homme se doit de respecter, même uniquement parce que tu dis toujours « Non » et « Tu es allé assez loin » et « Attends que nous soyons mariés ». Seulement maintenant, je me rends compte qu'il n'y a pas vraiment de raison d'attendre que nous soyons mariés. Je veux dire, qu'est-ce que ça change, puisque tu n'es plus vierge ? C'est déroutant. Tout à coup, cela ne signifie plus rien d'attendre comme nous l'avons fait. Mais je ne trouve pas non plus que ce serait bien de *ne pas* attendre d'être mariés. Tu vois ce que je veux dire ?

— Oui, dit-elle. Tu as raison.

Elle ne pleurait plus et elle pétrissait mon dos de ses mains.

— Je veux dire, qu'est-ce que ça peut faire ? Pas vrai ?

— Oui. C'est vrai.

— Je veux dire, pourquoi continuer d'attendre ? Pas vrai ?

— Si, dit-elle. Je t'aime, murmura-t-elle dans ma chemise.

— Je veux dire, pourquoi continuer à traîner toute cette frustration ?

— Oui. Tu as raison, mon amour. Je suis d'accord.

— Ouais. Enfin, cela me paraît tellement... bête. Tu comprends ?

— Oui. Je suis d'accord avec toi, Earl.

— C'est vrai ? On se marie toujours, bien sûr. Cela n'a rien à voir, enfin. D'accord ?

— D'accord. Oui.

— Alors, ça va, dis-je. Demain, on est dimanche. Peut-être que... peut-être que je viendrai te prendre en voiture quand tout le monde sera à l'église. Dis-leur, tu leur dis, dis-leur que nous allons à la plage. OK ? Et nous pouvons aller à mon appartement, plutôt.

— A ton appartement ?

— Ben, ouais. Je veux dire que c'est là où nous pourrons être sûrs que personne ne va nous surprendre, tu vois. C'est ce que nous voulons tous les deux, n'est-ce pas ?

— Oui, dit-elle, en me massant le dos frénétiquement. Je te rendrai heureux, mon amour. Je te le promets, dit-elle.

— Je te rendrai heureuse aussi, dis-je.

Ce soir-là, je ne rentrai pas directement chez moi, comme d'habitude, pour manger et changer de chemise. Au lieu de ça, je me rendis un peu plus tôt chez Thom McAn. Me consacrant de nouveau à mon projet d'économiser mille dollars avant de me marier avec Eleanor, je fis une heure supplémentaire ; ainsi nous pourrions d'autant plus facilement nous installer en janvier dans ce que je considérais comme le chic du chic, un pavillon en parpaings dans un nouveau lotissement au bord du Golfe – dix pour cent d'acompte, cent dollars par mois, un abri pour ma Studebaker, une cour sans arbres, une espèce de jardinet à l'avant, des sols carrelés, des petites fenêtres avec des châssis métalliques que l'air marin était déjà en train de corroder.

Pendant que je conduisais, et durant les quatre heures que je passai au magasin en ayant l'air de vendre des chaussures, je me promis de ne plus jamais, au grand jamais, commettre l'adultère. Je décidai de l'annoncer à Donna le soir même, si possible, et même si elle protestait, même si elle pleurait, même si elle se sentait trompée, trahie, et rejetée, je ne reviendrais pas sur ma décision. Je l'imaginais me frapper la poitrine, partie de mon corps qui avait l'air de l'attirer tout spécialement. Je lui maintiendrais les poignets, les abaisserais doucement le long de son corps, la lâcherais, et dirais : « Ça ne peut plus durer. Je ne t'aime pas, j'aime Eleanor Hastings et je vais l'épouser. » J'étais arrivé à croire que Donna n'aimait pas son mari. Elle m'aimait, moi. C'est ce qu'elle me disait depuis plusieurs semaines, me le répétant à l'oreille quand elle se tortillait sous moi, le murmurant d'un ton mélodieux quand je me levais de son lit pour partir, puis avec un petit rire quand je m'arrêtais à la porte pour lui envoyer un baiser. « C'est sûr que je t'aime, Earl », persistait-elle à dire. Elle n'évoquait son mari que de temps en temps, mais toujours d'un ton moqueur : « ce poisson froid », ce qui sous-entendait l'impuissance. En revanche, elle m'appelait souvent « mon petit pétard », ce qui, en déduisais-je, témoignait du contraire.

En tout cas, ce soir-là je rentrai du magasin de chaussures tout à fait prêt. Comme j'avais même appris par cœur l'adieu que j'allais faire à Donna et à l'adultère, je fus d'autant plus déçu de voir que les lumières du salon étaient allumées et que la voiture d'Art était garée dans l'allée, ses ailerons d'un vert brillant reflétant la lueur de la lune. J'ouvris la porte d'entrée et je me dirigeais directement vers le couloir et l'escalier qui descendait à mon terrier, quand j'entendis Art me crier depuis la cuisine : « Earl, veux-tu venir un instant ? »

Sans doute au sujet du travail, pensai-je, un imprévu pour le magasin, demain. Un défilé de mode, peut-être. Ça arrive tout le temps. Mais quand j'eus passé l'angle, que j'entrai dans la cuisine et vis Art seul dans la pièce, debout à côté de l'évier, face à moi, les bras croisés mollement sur son étroite poitrine, les jambes écartées comme pour s'empêcher de tomber, quand j'aperçus la bouteille de Jim Beam à moitié vide sur la table à côté de lui, je sus pourquoi il m'avait appelé.

Je reculai vers la porte, et il m'observa comme si j'appartenais à une autre espèce que le genre humain, une créature bizarrement, inexplicablement habillée de vêtements humains, pas même un primate, et plus pathétique que comique – disons un âne en pantalon. Il m'étudia longtemps, sans que nous disions un mot ni l'un ni l'autre, sans même déglutir. Je savais que j'étais devenu blanc, et soudain j'eus froid, comme si un vent polaire s'était levé dans la pièce.

— Tu veux boire de mon whisky ? demanda Art, d'une voix lente et usée, abattue, résignée.

Son visage semblait s'être effondré en lui-même, comme une maison longtemps abandonnée, écroulée dans le trou de la cave, et, quand il saisit la bouteille, sa main tremblait, une main âgée, je le remarquai soudain, avec de grandes taches brunes, des articulations épaisses et des ongles jaunis. C'était un homme efflanqué, et il m'avait toujours paru dangereusement tout en nerfs, grand, anguleux et robuste, mais maintenant il semblait délicat, déséquilibré, fragile et se déplaçant avec beaucoup de précaution comme un vieillard. Je pouvais difficilement reconnaître l'homme à qui j'avais lancé un au revoir joyeux quatre heures auparavant au magasin, quelqu'un que j'avais considéré comme un grand frère ou peut-être comme un jeune père. Cet homme était une antiquité, un ancêtre, et il était là, face à face avec son descendant, un garçon au visage frais, sain, fort, plein de sang et de muscles – un véritable blanc-bec, une créature tellement éloignée de son ancêtre que c'était comme si l'évolution s'était inversée.

Je refusai son whisky en faisant non de la tête, tel un enfant.

— T'es sûr ?

Je fis un signe affirmatif.

— Eh bien, c'est dommage, dit-il. C'est vraiment dommage. Parce que je t'attendais, je pensais qu'on aurait pu se boire un petit whisky et faire un brin de causette, toi et moi. Tu vois de quoi je parle, fiston ?

A l'entendre, il avait l'air encore plus géorgien que jamais, un paysan qui garde ses pensées pour lui, un roublard. Sauf que la tristesse qui le recouvrait comme un linceul le rendait effrayant. Au lieu d'avoir honte de moi, j'avais peur de lui, je ne savais pas quoi dire, et donc je ne dis rien du tout.

— Ici, viens ici, dit-il.

Et, saisissant la bouteille, il la pointa en direction du coin-repas.

— Tu te mets ici en face de moi, Earl, comme ça je pourrai bien te regarder. Je veux te voir de près, pour changer. Ça fait bientôt un an que je travaille et que j'habite avec toi, et je ne t'ai jamais bien regardé.

J'obéis, me glissai sur la banquette et mis les mains sur la table.

Art s'assit en face de moi, plaça devant lui la bouteille et un verre, et dit :

— Quel âge as-tu, Earl ?

— Dix-neuf.

— Dix-neuf ans. C'est à peu près ce que je pensais.

Il se servit deux doigts de bourbon et en but la moitié.

— Tu sais quel âge j'ai ?

— Non. Pas exactement.

— Pas exactement, hein ?

Art prit une goutte de son whisky comme s'il était brûlant, et, tout à coup, il parut penser à autre chose, comme s'il avait retrouvé un souvenir enfoui. Il fronça ses longs sourcils étroits et dit :

— J'ai presque quarante ans, Earl. Trente-huit. Exactement le double de ton âge. Le basket m'a amoché les genoux et j'ai un ulcère pratiquement depuis que j'ai ton âge, quand j'étais à Macon, mais je pense que je peux encore t'arracher les poumons, si j'ai envie. Tu veux voir, Earl ? demanda-t-il avec délicatesse.

Je remuai la tête d'avant en arrière.

— Non. Non, je... je ne veux pas.

— Elle a quel âge, tu crois, Donna ? Bien que ça ne change pas grand-chose.

— Ecoute, Art, dis-je, et j'ouvris les mains comme pour révéler un message qui me sauverait. Ecoute, je...

— Tu la fermes, fiston, dit Art, à voix basse. Tu fermes ta gueule, et si je te pose une question, tu n'as qu'à y répondre du mieux que le permet ton petit esprit, c'est tout. T'as compris, mon gars ?

J'acquiesçai de la tête. Depuis que mon père était parti, personne ne m'avait jamais parlé sur ce ton.

— Je t'ai posé une question.

— Oui. Oui, je comprends.

— Très bien.

Il fit une espèce de sourire, rapide et aussitôt évanoui, comme celui d'un serpent. Il se resservit deux doigts de whisky, et, quand il alluma une Chesterfield, je remarquai que ses mains tremblaient. Je baissai les yeux vers les miennes. Elles paraissaient endormies ou mortes, comme des chiens couchés au coin du feu. J'étais envahi d'une grande paix, inexplicable, nécessaire, bénéfique, comme une lumière chaude et rassurante après une longue obscurité mouvementée. Je ne pouvais ni l'expliquer ni en discerner la source, mais ne m'y sentais pas obligé. C'était comme ça.

La bouche d'Art tremblait, et il avança son visage contre le mien.

— Mon gars, me dit-il, tu t'es fait pincer en train de traîner là où tu n'as rien à faire. Une histoire vieille comme le monde, n'est-ce pas ?

— Oui.

— Mais pas pour toi. Pour toi, c'est de l'histoire récente. Pas vrai ?

— Oui. C'est ça.

Il me regarda comme si mon visage lui causait une douleur physique.

— Eh bien, pour moi, c'est une vieille histoire, dit-il. C'est pour ça que je ne suis pas furieux contre toi. Je devrais l'être, mais je ne le suis pas.

— C'est vrai ?

Je sentais l'angoisse m'oppresser la poitrine.

— Oui. Tu es trop jeune, et trop stupide, je suppose. Trop insignifiant, et tu ne le sais même pas. Tu n'es qu'un pion interchangeable, Earl, c'est tout. Je n'en veux même pas à Donna. Elle n'y peut rien. Elle est juste comme elle est, c'est tout, et je sais ce qu'elle est. Je l'ai toujours su. C'est donc moi qui me donne envie de gerber. Car j'ai toléré tout ça. Eh bien, dit-il – il soupira et fit la grimace –, tout est terminé maintenant, n'est-ce pas ?

— Bon Dieu, Art, ne parle pas comme ça. Enfin...

— Toi, tu la fermes, tu veux bien, Earl ?

— Désolé.

— Earl ? Tu m'écoutes ? Je suis en train de te dire quelque chose, et je voudrais que tu t'en souviennes demain et l'année prochaine, et tout le reste du temps. Je ne te dis pas ça parce que je t'aime bien. Au contraire. Je veux juste que tu *saches* que tu n'es pas la cause de quoi que ce soit, mon garçon. Dans ma vie, tu n'es qu'un pion interchangeable. Dans la vie de Donna, tu n'es qu'un pion interchangeable. Alors, quoi qu'il se soit passé, quoi qu'il arrive à partir de maintenant, ce n'est pas de ta faute. Tu n'as pas la carrure nécessaire, dit-il en poussant son index contre ma poitrine, pour rendre un homme malheureux ou pour ruiner un foutu mariage, qui de toute façon était déjà brisé. Il a été brisé dès le départ, comme la plupart des mariages ratés. Tu n'as pas la carrure. Mets-toi ça bien dans la tête, fiston.

— Où... où est Donna, maintenant ?

— Partie. Elle s'est tirée. Elle est partie chez sa mère à Jacksonville, une fois la plaisanterie terminée. Elle m'a dit tout ce qu'elle pensait de moi, y compris ce qui s'était passé avec toi, parce que c'est surtout ça qu'elle pense de moi, et moi je lui ai dit ce que je viens de te raconter. Que je me fous de tout ça. Que je m'en suis toujours foutu. Que pendant toutes ces années, j'avais toujours fait semblant. Alors, si tu oublies à quel point tu n'es qu'accessoire dans toute cette affaire, et cela pourrait t'arriver vu que tu es un brave garçon, demande à Donna. Tu pourrais un jour vouloir penser que tu as compté ici, mais Donna te dira le contraire.

Nous sommes tous deux restés silencieux pendant un moment. Art but, je fermai et ouvris les mains, avalai ma salive, ouvris la bouche afin de poser les questions pour lesquelles j'avais besoin de réponse, mais que je ne pouvais formuler, par exemple : « Quel genre de personne fait ce que j'ai fait ? »

Au lieu de ça, je dis :

— Je suis vraiment content que tu ne sois pas fâché... à propos de Donna et moi, et tout ça. Je suis réellement amoureux d'Eleanor Hastings, tu vois.

— Nom de Dieu ! hurla-t-il. Tu vas foutre le camp d'ici ! J'aurais jamais dû t'appeler. J'ai rien à te dire. Rien du tout.

Il me balaya de sa grande main tremblante.

— Allez, dit-il. *Ouste !*

Je me levai de table, et il réitéra son ordre, comme si j'étais un chien agaçant.

— *Ouste !*

— Je... Je ne sais pas quoi dire, Art. Sauf que je regrette. Je suis vraiment désolé.

— Non. Tu n'es pas désolé le moins du monde. Sauf de t'être fait pincer. Et ça, ce n'est pas du regret. Mais je m'en fous. Alors, ne te fatigue pas à le dire. Tu vas finir par le croire, et ça fera de toi pire qu'un menteur. Tu fermes juste ta petite gueule et tu te dépêches d'aller ailleurs. Trouve-toi un autre logement dès demain. Et lundi commence à te chercher un nouveau boulot. Tu m'entends ?

Il leva les yeux vers moi, tel un monstre marin faisant surface, des larmes ruisselant le long de son visage allongé, la bouche grande ouverte, les yeux fous, et souffrant d'une douleur dont je n'étais même pas capable d'avoir peur. Bien que je puisse la voir de mes propres yeux, je ne pouvais pas me l'imaginer. Et je ne pouvais pas me représenter sa douleur parce que je refusais de savoir ce que je lui avais fait.

Ce ne fut que douze heures plus tard, aux environs de midi, roulant vers le nord en direction de Tampa dans ma vieille Studebaker branlante, en route pour aller prendre Eleanor comme nous étions convenus, que je fus enfin capable de me poser la question et d'y répondre. Pas entièrement, bien sûr, et même pas très distinctement – j'entendis à la fois la question et la réponse comme à travers un mur, un message voilé et ambigu venant de vies d'inconnus.

J'arrivai à un stop, je jetai un coup d'œil dans le rétroviseur et je vis mes propres yeux qui me regardaient. Seulement, pour la première fois, ce n'étaient pas mes yeux mais ceux de mon père, les yeux bleus d'un homme adulte, effrayés et secrets, furieux et hantés par la culpabilité, un regard dont avait disparu toute trace d'innocence. Et instantanément ils devinrent les yeux de l'espèce entière, appartenant tout autant à Art et à Donna qu'à mon père et à ma mère, au père et à la mère d'Eleanor Hastings, et même, enfin, à moi et à la femme que j'avais l'intention d'épouser. Je vis à ce moment que je pouvais infliger chacune des terribles blessures dont ils avaient souffert, et que je pouvais souffrir de chacune des terribles blessures qu'ils étaient capables d'infliger – abandon, trahison, duperie, tout cela. Nos péchés nous décrivent et nos interdits décrivent nos péchés. Je le savais, j'avais bafoué chacun de mes interdits. J'étais un être humain aussi, enfin, et pas des meilleurs non plus, plus faible, plus bête, moins imaginatif que les bons.

Le souffle me quitta, puis revint, et immédiatement mon esprit s'emplit de rêves de fuite. Voilà le genre d'homme que j'étais. Je retournerais à l'appartement, jetterais dans ma voiture mon sac et les quelques affaires que j'avais déjà préparées, encaisserais un chèque en bois à l'épicerie du coin et je prendrais la direction du nord, la Géorgie et les Carolines, ou mieux, j'irais à l'ouest, dans des endroits comme l'Arkansas et l'Oklahoma, des régions où s'évanouissaient depuis des siècles les tueurs américains, fuyant moins les lois qu'eux-mêmes.

J'arrêtai la voiture branlante sur le côté droit de la chaussée, coupai le moteur et l'écoutai refroidir en cliquetant. Il y avait des marécages des deux côtés de la route, sans arbres, avec des massifs de palmiers nains poussant le long des fossés. Le soleil tapait sur la voiture, et une brise chaude, indolente, entrait par la fenêtre ouverte tandis que j'étais assis les mains sur les genoux, transpirant et me demandant ce que j'allais faire. Je n'avais aucune idée de ce que j'allais devenir maintenant, car jusqu'alors je ne m'étais jamais considéré comme un bandit, et voilà que je le faisais. Simplement se sentir coupable était une réaction tellement insuffisante à ma connaissance nouvelle qu'elle en niait presque les faits. J'aurais dû comprendre tout ça avant la nuit passée, pensai-je. Pour la première fois, je fus effrayé des conséquences de mes actes, dans le bon sens, au-delà de la culpabilité, mais c'était trop tard. J'étais déjà devenu celui que j'aurais dû avoir peur de devenir.

A peine un kilomètre plus loin, Eleanor Hastings m'attendait. La première chose que j'avais faite ce matin-là avait été de l'appeler pour lui dire que je m'étais disputé avec Art pour une question d'argent, que je devrais déménager et me trouver tout de suite un nouveau travail, et donc que nous serions obligés d'annuler notre projet de passer ensemble l'après-midi chez moi. « Mais seulement provisoirement, chérie », lui assurai-je.

Et *elle*, comment prendrait-elle les choses ? Je me le demandais – car je savais que je lui dirais tout, la conversation de la veille avec Art, et le fait que j'avais commis l'adultère. Je lui parlerais aussi de toutes les autres règles que j'avais enfreintes, tous les mensonges, les vols et les tricheries que j'avais commis, toutes les envies et les convoitises, tous les déshonneurs. Je lui dirais : « Voilà ! Voilà tout ce que je t'ai dissimulé, et ce que je me suis caché à moi-même. » Je lui montrerais qui j'étais, et puis je lui demanderais si elle voulait toujours m'épouser. Et si elle était assez folle et désespérée pour dire oui, j'étais prêt à la récompenser en fermant les yeux sur la chose la plus importante entre toutes, car je savais en outre à ce moment-là dans ma voiture sur le bas-côté de la route au nord de Saint-Petersburg – je le savais ce samedi après-midi de septembre 1959 tout aussi bien que je le sais maintenant un quart de siècle plus tard – que je n'aimais pas Eleanor Hastings, ni alors, ni avant, et que je ne l'aimerais pas davantage après notre mariage en janvier.

Je mis le contact, la vieille Studebaker toussa, le moteur démarra et quelques instants plus tard je m'engageai dans l'allée qui menait à la maison des parents de ma future femme. Elle franchit la porte en courant, souriante, les bras grands ouverts pour m'accueillir.

HISTOIRE D'ENFANTS

L'après-midi où j'ai lancé Ralph du toit, lui causant toutes ces fractures, je croyais être le seul père à avoir jamais fait une chose pareille à son enfant. J'étais jeune, mais dans les sept années qui se sont écoulées depuis, j'ai eu connaissance de nombreux cas d'enfants dont les os ont été brisés par des chutes provoquées. A quelques détails près, d'ailleurs insignifiants, tous ces cas sont semblables au mien et à celui de Ralph.

Voici ce qui se passe d'ordinaire. L'enfant attaque son père par surprise, le plus souvent par-derrière et avec une arme – un couteau à éplucher par exemple, ou un ouvre-bouteilles à bout pointu. L'agression a lieu généralement lorsque le père est occupé à suivre un événement sportif à la télévision, ou à lire le journal ou que, debout au pied de l'escalier, il tient le téléphone et s'apprête à composer le numéro de sa mère en Californie.

Il est évident que l'enfant souhaite obtenir de son père une attention particulière, et c'est parce que l'agression se produit lorsque le père est entièrement absorbé ailleurs que son gamin peut y intégrer un élément d'extrême surprise. Ainsi armé, semblable à un terroriste, son enfant représente un danger sans rapport avec sa taille minuscule. Le père, qui saigne à profusion, est un instant hors de combat. Il tombe à genoux, peut-être reçoit-il alors un deuxième coup de poignard, mais ses yeux vont de sa nouvelle blessure jusqu'à l'enfant, chacun rivant son regard à celui de l'autre, car à présent ils ont tous les deux la tête au même niveau. Soudain le père se rend compte que cette lutte n'est pas une parodie de duel, qu'elle est au contraire mortelle, et que toute retenue de sa part ne fera qu'accroître sa vulnérabilité. Malgré leurs différences de poids et de compétence technique, ils sont tous les deux, même si ce n'est que brièvement, des êtres humains.

Le père, du coup, adopte une stratégie qui n'est destinée qu'à le sauver. D'habitude il choisit de mentir. Et dès que le mensonge a induit l'enfant à éprouver un faux sentiment de sécurité (on lui jure de façon écœurante qu'on l'aime et qu'on se soucie de son bien-être, on l'assure d'un dévouement sans bornes, on va jusqu'à lui donner de l'argent, on lui fait force caresses et gazouillis, on lui caresse les joues et lui tapote la tête – telles sont les hypocrisies), le père arrache l'enfant à son petit lit, l'enveloppe dans une couverture, se précipite sur le toit avec son paquet et le jette dans la rue.

C'est ainsi que ça s'est passé pour Ralph et moi, comme pour des centaines et des centaines d'autres. Pendant un court laps de temps après avoir balancé Ralph du toit, j'estimais être un père dénaturé, mais quand j'ai découvert qu'il y avait tant de cas semblables, j'ai pu me montrer un peu moins dur envers moi-même. Ma femme, la mère de Ralph, m'y a beaucoup aidé, même si elle n'était pas en mesure de me rassurer autant que j'en avais besoin. Après tout c'était mon épouse et une adulte comme moi : elle était donc censée me soutenir et me réconforter. Et puis, en un sens, en m'étant débarrassé de Ralph tout seul je lui avais épargné l'obligation de le faire. Car elle avait subi autant que moi les agressions soudaines de l'enfant ; elle aussi avait peur de lui et souhaitait s'en protéger.

En fin de compte, après avoir pris connaissance de tous les exemples qui correspondaient au mien et à celui de ma femme, j'en suis venu peu à peu à considérer que les adultes qui endurent sans réagir l'opposition de leurs enfants sont des parents dégénérés, anormaux, et, dans le meilleur des cas, profondément irrationnels. On dirait qu'ils souhaitent leur propre destruction, leur propre remplacement dans le monde par leurs enfants. De tels hommes et de telles femmes, m'est-il finalement apparu, sont effrayants mais aussi plutôt dégoûtants. Prétendant souvent agir selon l'instinct, il leur est arrivé de soutenir qu'en permettant à leurs enfants de se nourrir d'eux – de leur corps d'adultes, en quelque sorte –, ils s'agrandissaient eux-mêmes. Mais quand je les écoutais, je savais déjà qu'ils s'étaient laissé profondément abuser, tant par eux-mêmes que par leurs enfants : en réalité, ils mettaient en acte une impulsion perverse et obscure les incitant à se détruire.

La survie du mieux adapté ! m'écriais-je quand il était question d'enfants à une soirée ou à un repas avec nos voisins. Et c'était un thème qui semblait toujours resurgir, sans doute parce que pour nous, jeunes parents, il restait d'une actualité déprimante – comment se comporter, comment agir envers les enfants ? Dans tout le quartier, ils avaient atteint l'âge où ils étaient capables d'attaquer et de blesser mortellement leurs géniteurs : il était bien naturel que ces derniers se fassent du souci.

Comme nous étions pour la plupart des adultes dotés d'une réelle conscience morale, nous souhaitions en général que notre réponse à ces agressions fût aussi satisfaisante moralement. Il ne se passait pas de jour sans qu'on nous rapporte une nouvelle histoire d'un enfant qui avait éborgné sa mère avec un manche de râteau, d'un autre qui avait tenté de pousser son père dans la chaudière au sous-sol, ou – ce qui nous avait particulièrement impressionné – celle d'un garçon de cinq ans qui avait lâché le frein à main de la voiture familiale garée dans une pente, la faisant rouler en direction du père qui à ce moment-là était penché pour ôter un patin à roulettes dans l'allée du garage. Le père, qui n'avait pas pu éviter la voiture à temps, avait eu une cheville et un genou écrasés : hospitalisé sept semaines, il s'était trouvé hors d'état de travailler pendant trois mois. Aujourd'hui encore il boite de façon visible.

Nous avons été informés de cet incident juste après qu'il a eu lieu. C'était au cours d'un barbecue chez mes voisins, un soir d'été, et j'ai réagi en proposant de créer un comité de soutien au père mutilé, ce que nous pouvions faire en tant qu'amis et parents concernés. Nous enlèverions nous-mêmes son fils et nous le jetterions sur l'autoroute du haut d'une passerelle toute proche. Nous donnerions ainsi un avertissement aux autres gosses. Nous devons leur montrer que nos liens de solidarité sont puissants et que nous réagirons en bloc si l'un de nous est attaqué par un enfant. Ils y réfléchiront à deux fois, ai-je prédit, s'ils savent que quarante ou cinquante adultes bien entraînés leur tomberont dessus chaque fois que l'un d'eux ne marche pas droit.

Quelques femmes présentes se sont élevées contre ma proposition, estimant qu'une telle réaction pourrait aussi donner aux enfants l'idée d'agir collectivement. Elles ont fait observer que puisque ce sont toujours les enfants qui sont à l'origine de ces agressions sournoises, nous n'aurions aucun moyen de déterminer quand viendrait la prochaine attaque, ni de qui – du garçon qui livre les journaux, du fils d'un ami, d'une nièce ou d'un neveu en visite. Si nous sommes capables de nous allier, ils le sont également, a soutenu l'une d'elles, et comme nos actions sont toujours défensives, qu'elles répondent aux leurs, nous risquons de leur permettre de nous empêcher de réagir en parents isolés et de nous défendre individuellement. Ton idée, m'a-t-elle déclaré sur un ton de mise en garde, pourrait avoir des conséquences lointaines et insoupçonnées. Puis elle a terminé par un argument sans appel en mentionnant ce que nous savons tous, ce que nous supportons chaque jour et que pourtant nous nous avouons rarement.

Ils sont plus nombreux que nous, a-t-elle lâché en

chuchotant presque, et, soudain déprimée, elle s'est rassise sur sa chaise au bord de la piscine. Son regard a erré au-delà des cours et des haies vers l'aire de jeux d'où nous parvenaient de loin les cris aigus et les hurlements des enfants qui s'amusaient. Nous avons senti l'immensité de leur nombre, leur affinité naturelle entre eux, leur hostilité naturelle à notre égard.

Bon Dieu, a dit un des hommes à voix basse. Qu'allons-nous faire ?

Priez pour qu'ils grandissent vite et qu'ils deviennent des adultes à leur tour, a répondu ma femme. Donnez-leur le gîte, le couvert et les vêtements, a-t-elle poursuivi, pressez-les, amusez-les, abusez-les de mensonges, mais ne baissez jamais votre garde. Au bout du compte, si nous n'avons pas commis d'imprudences et que la chance a été de notre côté, ils seront adultes à leur tour et nous serons libres. Nous serons libres et ils seront devenus parents, conclut-elle avec un sourire en savourant la douceur de la victoire anticipée.

J'ai entouré de mes bras les épaules sensibles et délicates de ma femme, partageant sa vision pendant quelques brèves secondes, sachant que nous étions tous les deux en train de nous représenter notre fille Amy (née trois ans après Ralph) en tant que mère. Puis, bras dessus bras dessous, nous avons souhaité bonne nuit à nos hôtes, et dans le crépuscule qui s'annonçait nous avons traversé la pelouse d'un pas nonchalant pour regagner notre maison. Nous sommes entrés, nous avons baissé les stores de notre chambre et nous avons à nouveau fait l'amour longuement, avec une douce satisfaction.

SARAH COLE :
UNE HISTOIRE D'AMOUR
D'UN CERTAIN TYPE

1

Bon. Commençons par une scène où je suis l'homme, et où mon amie Sarah Cole est la femme. A présent, il ne m'est pas pénible d'en parler, car j'ai dix ans de plus, je ne ressemble plus à ce que j'étais alors, et Sarah Cole est morte. Je vous dis cela, parce que, en écoutant cette histoire, vous pourriez me trouver vaniteux si je n'avais pas changé physiquement. En effet, il faut bien dire qu'à cette époque j'étais extrêmement séduisant. Et si Sarah n'était pas morte, vous pourriez me trouver cruel, car je dois aussi vous avouer que Sarah était très laide. En fait, c'était la femme la plus laide que j'aie jamais connue. Connue personnellement, je veux dire. J'ai bien *vu* quelques femmes encore moins attirantes que Sarah, mais elles étaient de toute évidence des erreurs de la nature, ou avaient été gravement blessées, ou alors victimes d'une maladie défigurante et grotesque. Sarah, par contre, était tout à fait normale et je l'ai bien connue car, pendant trois mois et demi, nous fûmes amants.

Voici la scène. Vous pouvez vous l'imaginer au présent, même si elle s'est déroulée il y a dix ans, car aucun élément essentiel de l'histoire ne dépend de l'époque, et vous pouvez la situer à Concord, New Hampshire, même si c'est réellement là que tout se passa, car l'endroit n'a aucune importance ; donc cela pourrait aussi bien être à Concord, New Hampshire, un lieu que je connais bien et que je peux en conséquence décrire avec suffisamment de détails pour rendre cette histoire crédible. Vers six heures du soir, un mercredi de la fin mai, un homme entre dans un club. L'établissement, composé d'un bar au rez-de-chaussée et d'un restaurant au premier étage, est décoré de plantes suspendues et de panneaux de bois à la finition imparfaite, de billots de boucher en guise de tables, et de fauteuils qu'on appelle chaises de capitaine. Une demi-douzaine de compartiments sombres, des boxes aux banquettes épaisses, occupent tout un mur. Trois ou quatre hommes, entre vingt-cinq et trente-cinq ans, sont accoudés au bar et, tout comme celui qui vient d'entrer, portent un costume trois-pièces et une cravate desserrée. Ce pourrait être des avocats, de jeunes avocats célibataires qui bavardent entre confrères en buvant des cocktails afin de retarder le moment où ils rentreront tout seuls chez eux, dans un duplex peint en blanc. Là, ils prépareront leur repas du soir au micro-ondes, et ensuite, quand la télé bourdonnera tranquillement devant eux, ils s'assoiront sur leur canapé et accompliront quelques heures supplémentaires en prévision du lendemain. La majorité d'entre eux sont des jeunes gens honorables, cultivés, travailleurs, superficiels et modérément malheureux.

Notre homme, appelons-le Ronald, Ron, leur ressemble à bien des égards, sauf qu'il est exceptionnellement beau, ce qui le rend un peu moins malheureux que les autres. Ron est attirant sans devoir faire le moindre effort, une merveille de la génétique, grand, élancé, symétrique et les traits fins. Ses seuls défauts – un petit grain de beauté du côté droit de son menton carré, pas trop proéminent, ainsi qu'un peu trop de poils blonds sur le dos de ses mains bronzées, enfin des fesses légèrement trop plates –, ces défauts, finalement, ne font que souligner sa beauté par le fait même qu'ils lui évitent de trop ressembler à un mannequin de vitrine. Car il est beau de la même façon que l'on dit d'une femme qu'elle est belle. Et sans doute parce qu'il semble tout ignorer de sa beauté il est également aimable, tant avec les hommes qu'avec les femmes, avec les jeunes (même les enfants) comme avec les vieux, avec les gens séduisants (qui comprennent immédiatement qu'il est hors compétition, tellement il est plus désirable qu'eux) comme avec les autres.

Ron s'assied au bar, déplie devant lui le journal du soir, et, avant même qu'il ne commence sa lecture, le garçon vient prendre la commande en l'appelant « Monsieur », bien que Ron soit déjà venu souvent à cette heure-ci, surtout depuis son divorce qui date de l'automne dernier. Ron a divorcé parce que, après trois ans de mariage, sa femme avait décidé de poursuivre la carrière que celle de son mari l'avait forcée à interrompre : celle de styliste. Son travail l'obligeait à habiter New York, tandis qu'il devait, lui, rester dans le New Hampshire où avait démarré sa vie professionnelle. Ils s'étaient mis d'accord pour habiter séparément jusqu'au moment où il pourrait exercer près de New York. Mais après quelques mois, entre les visites conjugales, il avait commencé à coucher avec d'autres femmes, et elle avec d'autres hommes. Et voilà. « Rien de dramatique », expliqua-t-il aux amis qui les aimaient bien tous les deux, bien qu'il fût un peu plus beau qu'elle. « Nous étions vraiment trop jeunes quand nous nous sommes mariés, c'était une idylle de collégiens. Mais nous sommes restés les meilleurs amis du monde », leur assurait-il. Ils comprenaient très bien. La plupart des amis de Ron étaient eux aussi déjà divorcés.

Ron commande un whisky-soda avec un zeste de citron et se replonge dans la lecture du journal. Quand on apporte sa consommation, avant d'en boire la première gorgée il finit consciencieusement de lire un article sur la réapparition des coyotes dans le nord du New Hampshire et le Vermont. Il allume une cigarette. Il continue sa lecture. Il avale une seconde gorgée. Tous les gens de la salle – les trois ou quatre hommes répartis le long du bar, le serveur grand et mince, et plusieurs personnes installées dans les compartiments du fond – le regardent accomplir ces gestes ordinaires.

Il est arrivé aux petites annonces (peut-être cherche-t-il une bonne pour nettoyer son appartement une fois par semaine) quand la femme qui s'avérera être Sarah Cole quitte un des boxes et s'approche. Elle arrive de biais et s'assied près de lui. Elle porte de lourdes bottes brunes de style western et un chapeau de cow-boy en daim marron, un jean déformé et un tee-shirt jaune qui moule ses bras, sa poitrine et son ventre arrondi comme la peau d'une saucisse. Bien qu'elle n'ait que trente-huit ans, comme il l'apprendra plus tard, on lui en donne dix de plus, ce qui la fait paraître plus vieille que Ron d'environ vingt ans. (Il est difficile de deviner précisément l'âge de Ron : il aurait l'air mûr pour vingt-cinq ans et bien conservé pour quarante-cinq. Aussi son âge réel n'a-t-il guère d'importance.)

— C'est pas mal, ici au bar, dit-elle en regardant autour d'elle. Plus clair, en tout cas. Vous lisez quoi ? demande-t-elle gaiement, en appuyant ses deux coudes sur le comptoir.

Ron lève les yeux de son journal et, un léger sourire aux lèvres, découvre le visage de la femme la plus laide qu'il ait jamais vue, ou même imaginée auparavant, et il continue à sourire doucement. Il se sent sombrer dans ses yeux brun foncé, minuscules et présentant un léger strabisme. Il se redresse, et, pendant quelques secondes, étudie sa peau grêlée et couperosée, son nez en forme de truffe, sa grande bouche, ses dents mal plantées et disjointes, son menton à la fois lourd et fuyant. Il jette un regard sur sa tignasse d'un brun terne, et le long de son cou et de sa gorge dont la peau grise est brûlée par l'acné, puis revient aux yeux et, de nouveau, se sent fondre en elle.

— Que dites-vous ? demande-t-il.

Elle prend une cigarette mentholée en tapotant son

paquet, et Ron l'allume rapidement. Soufflant la fumée par les ailes déployées de ses larges narines, elle parle à nouveau. Sa voix est pâteuse et nasillarde, une voix couleur chocolat.

— J'vous demandais c'que vous lisez, mais maintenant je vois.

Elle lance un éclat de rire tonitruant.

— Le journal !

Ron rit, lui aussi. « Le journal ! Le *Concord Monitor* ! » Ce n'est pas une hallucination, il voit réellement ce qu'il y a en face de lui et s'avoue – non, il se l'affirme – qu'il est bien en train de parler à la femme la moins attirante qu'il ait jamais aperçue. Cette réalité le fascine comme si, au contraire, il était en présence de la plus belle femme qu'il ait jamais vue ou qu'il aura jamais l'occasion de voir, aussi profite-t-il de ce moment précieux et tente-t-il de le retenir comme s'il s'agissait d'une boule d'or, d'un objet excessivement lourd qui – s'il ne le tenait pas délicatement, avec précision et assurance – lui glisserait des mains, traverserait la pelouse en roulant vers la margelle du puits, et tomberait tout au fond pour se perdre à jamais. Ce ne sera qu'un souvenir, rien de plus, une chose dont on parlera avec nostalgie et émerveillement et dont l'image s'effacera au cours des ans pour finir par ne plus exister qu'à travers son évocation. Son corps et son esprit s'éveillent de leur méditation rêveuse, et il concentre toute son attention sur la femme, Sarah Cole, son affreux visage de phacochère, son élocution pâteuse et rapide, son corps trapu, déséquilibré, ravagé. Pour faire durer ce moment, il commence à lui poser des questions, il lui offre un verre, il sourit, jusqu'à ce que, bien vite, il se découvre la prendre très au sérieux, elle et sa vie, ses vicissitudes et ses malheurs.

Il apprend son nom, bien sûr, et elle lui confie spontanément qu'elle est venue lui parler pour relever le défi lancé par l'une des deux femmes assises avec elle dans le box. Elle pivote sur sa chaise et sourit effrontément, triomphalement à ses amies, laides toutes les deux (quoique moins laides qu'elle) et également vêtues de jeans, bottes et chapeau de cow-boy. L'une, une blonde à la mâchoire proéminente et aux yeux trop maquillés, lui fait un petit signe de la main, puis, comme si elles étaient gênées, elles se penchent à nouveau sur leur verre qu'elles sirotent énergiquement avec une paille.

Sarah reprend sa conversation avec Ron et lui raconte ce qu'il veut savoir, sur son boulot à l'imprimerie Rumford, sur son mari dont elle a divorcé, qui était un imbécile, un salaud et un « malade », dit-elle, comme si elle était soudain pleine de compassion pour cet homme. Elle parle à Ron de ses trois enfants : la plus jeune, une fille, va au collège et ne pense qu'à flirter, tandis que les deux autres, des garçons, suivent les cours au lycée et ne sont plus très souvent à la maison. Elle évoque ses enfants avec un souci et une réelle tendresse qui touchent Ron. Il voit tout le plaisir, toute la souffrance qu'elle éprouve en parlant d'eux ; il regarde ses yeux minuscules qui s'éclairent et s'humectent quand il demande leurs noms.

— Vous êtes une femme charmante, lui annonce-t-il.

Elle sourit et contemple son verre vide.

— Non, non, sûrement pas. Mais vous, vous êtes gentil de me dire cela.

D'un geste, Ron demande au barman de remplir à nouveau le verre de Sarah. Elle boit des cocktails – et cela peut-être depuis une heure ou deux, car elle paraît très à l'aise, plus à l'aise que ne l'est d'habitude une femme qui aborde Ron sans y être invitée ou sans même lui avoir été présentée.

Elle l'interroge sur lui-même, sur son travail, son divorce, le temps depuis lequel il vit à Concord, mais il se rend compte que ça ne l'intéresse pas du tout de parler de lui à cette femme. Ce qu'il veut, c'est en savoir plus sur elle, même si ce qu'elle a à lui raconter sur sa vie n'est que très prévisible et banal, et si sa façon de le dire est plate et truffée de lieux communs. Il voudrait en savoir plus sur son mari. Quelle sorte d'homme faut-il être pour tomber amoureux de Sarah Cole ?

2

Cette scène, qui s'est déroulée à l'*Osgood's Lounge* à Concord, s'est terminée au moment où Ron est reparti seul après avoir offert un second verre à Sarah et où celle-ci est allée rejoindre ses amies sur leur banquette. Je ne sais pas ce qu'elle leur a dit, mais ce n'est pas difficile à imaginer. Les trois femmes n'étaient pas des amies intimes, seulement des collègues à l'imprimerie Rumford, où, jour après jour, elles restaient debout à l'extrémité d'un long tapis roulant et empaquetaient des *TV Guide* dans des cartons. Toutes détestaient leur travail, et souvent, après leurs heures, quand elles faisaient partie de l'équipe de jour, elles enfilaient leurs bottes et leur chapeau de cow-boy qu'elles gardaient toute la journée dans leur casier, et s'arrêtaient pour boire un verre ou deux avant de rentrer chez elles. C'était cependant la première fois qu'elles allaient chez *Osgood*, un endroit qu'elles avaient d'abord évité en disant dédaigneusement qu'il n'était fréquenté que par des avocats et des courtiers d'assurances. C'était Sarah qui avait demandé aux autres en quoi cela les empêcherait d'y entrer, et comme elles n'avaient su que répondre, elles avaient décidé toutes les trois de s'y arrêter. Ron avait vu juste, elles étaient là depuis plus d'une heure quand il était arrivé et Sarah était un peu ivre. « Faudra qu'on revienne ici », avait-elle dit à ses amies d'une voix légèrement plus aiguë.

C'est ce qu'elles firent le vendredi suivant et de nouveau Ron entra avec son journal du soir. Il posa sa mallette à côté de sa chaise, commanda un verre, et commença à lire la une, lentement, délibérément, montrant bien qu'il était un homme fatigué, solitaire, et disposant de tout son temps. Il ne remarqua pas les trois femmes avec leurs bottes et leurs chapeaux de cow-boy dans le box du fond, mais elles l'aperçurent et, quelques minutes plus tard, Sarah était à nouveau à côté de lui.

— Salut.

Il se retourna, la vit, et retrouva instantanément le moment qu'il avait perdu quand, deux soirs auparavant, à peine sorti du bar pour rentrer chez lui, il avait tout oublié de la femme la plus laide qu'il eût jamais vue. Elle lui sembla encore plus grotesque qu'avant, ce qui rendit à ses yeux le moment d'autant plus précieux, et une fois encore il cueillit l'instant comme au creux de sa main, se mit à parler avec Sarah, à lui poser des questions, à lui donner ses opinions et à lui demander les siennes.

J'ai dit plus haut que j'étais l'homme de cette histoire et que mon amie Sarah Cole, qui maintenant est morte, était la femme. Je me rappelle cette soirée quand je vis Sarah pour la seconde fois, et je frémis, non pas de peur, mais de honte. Lorsque j'ai ainsi commencé à nouer le contact avec elle, je me souciais uniquement du présent, je songeais uniquement à m'accrocher à l'instant, à m'en emparer entièrement comme s'il n'était pas issu d'autres moments antérieurs de sa vie et de la mienne, comme s'il ne menait pas non plus à des instants futurs de nos vies. Elle parlait plus facilement que le soir précédent, et j'écoutais avec autant d'avidité et d'attention que la première fois, toujours dans le même but : la garder là, en face de moi, l'extraire du contexte de sa vie pour la placer dans celui de la mienne, comme s'il s'agissait d'un objet. Je ne savais pas à quel point c'était cruel. Quand, pour la première fois, vous faites quelque chose qui n'est pas clairement défini comme étant bien ou mal, dans la majorité des cas vous ne savez pas si cet acte est cruel. Vous allez donc de l'avant, vous le faites, et peut-être plus tard serez-vous capable de le juger. C'est ainsi que vous saurez si vous avez eu raison ou pas ; trop tard, bien sûr, mais au moins vous serez fixé.

Pendant que nous buvions, Sarah me dit qu'elle détestait son ex-mari à cause de la façon dont il traitait les enfants.

— Ce n'est pas tellement la question de l'argent, dit-elle, perchée sur son haut tabouret et en agitant nerveusement ses pieds bottés. En fait, je m'en sors tout juste, je les nourris et je les habille sans l'aide de personne. Mais c'est qu'il ne leur écrit même pas, pas une lettre, rien. Il ne leur téléphone pas, quand il appelle c'est pour m'engueuler parce que j'essaie de le faire citer en justice pour avoir une partie de la pension alimentaire qu'il est supposé payer pour les enfants. Et il pense même pas à parler aux gosses quand il téléphone. Il ne demande même pas de leurs nouvelles.

— Il m'a tout l'air d'un salaud.

— Ah, ça oui, c'en est un ! dit-elle. Je sais pas pourquoi je l'ai épousé. Ni pourquoi je suis restée avec lui. Pendant quatorze ans, nom d'un chien ! Il m'a jeté un sort ou un truc du genre. Je sais pas, dit-elle avec une sorte de déception dans la voix. On ne peut pas dire qu'il était beau.

Après son deuxième verre, elle s'avisa qu'elle devait partir. Ses enfants étaient à la maison, on était vendredi soir et elle voulait être sûre de dîner avec eux et de savoir où ils allaient et avec qui ils avaient rendez-vous pour sortir.

— Pas de sorties les jours d'école, me dit-elle. Je veux dire, il faut bien des règles, quoi.

J'approuvai, et nous partîmes ensemble, tout le monde dans la pièce nous suivant du regard. J'en étais conscient, je savais ce qu'ils pensaient, et je m'en fichais, parce que je la reconduisais simplement à sa voiture.

Il faisait frais ce soir-là, le crépuscule enveloppait le parking comme une couverture de grisaille. Sa voiture, une Buick vert foncé, énorme, et datant d'au moins dix ans, était tellement cabossée qu'on se demandait comment elle pouvait encore rouler. Elle saisit la poignée de la portière du conducteur et tira d'un coup sec. Rien. La portière ne cédait pas. Elle essaya à nouveau. Puis ce fut mon tour. Toujours rien.

C'est alors que je vis un creux en forme de V dans l'aile avant gauche. Il formait un pli métallique qui coinçait la portière contre l'aile, la maintenant solidement fermée.

— Quelqu'un a dû la heurter en faisant marche arrière quand vous étiez au bar, lui dis-je.

Elle s'avança, examina quelques secondes la tôle froissée, et quand elle se retourna vers moi, elle pleurait.

— Mon Dieu, mon Dieu, mon Dieu ! gémissait-elle, sa large bouche de crapaud grande ouverte, mouillée de salive, sa langue rouge s'agitant mollement par-dessus ses dents gâtées. Je ne peux pas payer ça ! Je ne peux pas.

Son visage était écarlate, et même à la lueur du crépuscule je pouvais le voir se gonfler de larmes, ses yeux minuscules disparaissaient presque derrière ses joues humides. Ses épaules s'affaissèrent, et ses mains tombèrent mollement le long de son corps.

Déposant ma mallette sur le sol, je m'approchai d'elle, entourai son corps de mes bras, et la serrai contre moi, pendant qu'elle pleurait à gros bouillons sur mon épaule. Après quelques secondes, elle commença à se ressaisir et ses sanglots se réduisirent à des reniflements. Elle avait repoussé son chapeau de cow-boy, il était collé sur sa tête de façon précaire, absurdement désinvolte. Elle s'écarta d'un pas et dit :

— Je rentrerai par l'autre côté.

— OK, dis-je, presque en chuchotant. C'est très bien.

Lentement, elle contourna l'avant de l'énorme et affreux véhicule, ouvrit la portière du passager et se glissa maladroitement le long du siège jusqu'à ce qu'elle soit installée derrière le volant. Puis, elle fit démarrer le moteur qui ressuscita en mugissant. Le pot d'échappement était fichu. Sans me dire un mot de plus ni même me faire signe, elle enclencha la marche arrière, sortit de son emplacement en reculant bruyamment et quitta le parking pour rejoindre la rue.

Je fis demi-tour pour aller chercher ma voiture, et en passant devant le bar je jetai un coup d'œil vers la porte. Là, je vis le serveur, les deux femmes qui accompagnaient Sarah, et deux des hommes qui avaient été assis au bar, deux avocats que je connaissais vaguement. Tous me dévisageaient. Ils me souriaient. A mon tour je leur grimaçai un sourire et montai dans ma voiture ; puis, sans leur lancer d'autre regard, je démarrai et me rendis directement à mon appartement.

3

Plusieurs semaines plus tard, un soir, Ron rencontre Sarah chez *Osgood.* Après lui avoir offert trois cocktails et avoir bu lui-même trois whiskies, il la conduit chez lui dans sa voiture (un coupé Datsun pour lequel elle avoue son admiration), dans l'unique intention de lui faire l'amour.

Je suis toujours l'homme de cette histoire, et Sarah est toujours la femme. Mais je la raconte ainsi car ce que j'ai à vous dire à présent me trouble, me gêne, m'attriste, et, par conséquent, je serais tenté de le relater de manière peu fidèle. J'aurais tendance à déguiser la vérité en faisant de Sarah une femme meilleure que ce qu'elle était en réalité, tout en me montrant pire que ce que j'étais ou suis vraiment ; ou alors je ferais le contraire, je rendrais Sarah pire que ce qu'elle était, et moi, meilleur. La vérité est que j'étais mignon, très mignon et qu'elle, elle ne l'était pas ; je le savais et elle le savait. Elle sortit de chez *Osgood* déterminée à faire l'amour à un homme beaucoup plus séduisant que n'importe quel homme qu'elle avait jamais vu de près, et moi je sortis déterminé à faire l'amour à une femme bien plus laide qu'aucune autre avec qui j'avais couché auparavant. En un sens, nous étions à égalité.

Non, ce n'est pas tout à fait vrai. (Vous voyez ? Voilà pourquoi je dois raconter cette histoire de cette façon.) Je ne suis pas du tout sûr qu'elle ait les mêmes sentiments que Ron. C'est-à-dire qu'elle aime peut-être vraiment cet homme, bien qu'il soit plus attirant que tous ceux qu'elle a jamais connus. Peut-être est-elle réellement plus consciente de sa laideur à elle que de sa beauté à lui, car Ron, malgré tout ce que j'ai pu insinuer, ne se trouve pas spécialement beau. Il sait seulement que les autres le voient ainsi. Comme je l'ai dit plus haut, c'est un gentil garçon.

Ron ouvre la porte de son appartement, entre le premier et, d'une chiquenaude, allume la lampe à côté du canapé. C'est un petit appartement moderne, avec une seule chambre à coucher, un des trente logements identiques d'un grand immeuble en briques situé dans le quartier des Heights, juste à l'est du centre-ville de Concord. Sarah reste nerveusement près de la porte et regarde à l'intérieur d'un air inquiet.

— Entre, entre, dit Ron.

Elle avance d'un pas timide et ferme la porte derrière elle. Elle ôte son chapeau de cow-boy et le remet aussitôt, traverse le salon et s'écrase dans un fauteuil de couleur sable comme si elle voulait se faire toute petite et disparaître entre ses bras protecteurs. Derrière elle, à l'entrée de la cuisine, Ron glisse une main sur son épaule. Elle se raidit, il retire sa main.

— Tu veux boire quelque chose ?

— Non... Je ne crois pas, répond-elle, le regard fixé droit devant elle vers le mur où est encadrée une photo de cycliste faisant en français la publicité du Tour de France.

Dans un coin, dans une niche du salon, un vélo à dix vitesses gris argenté est posé avec désinvolture contre le mur, brillant et prêt à foncer, élancé comme un pur-sang de compétition.

— Je ne sais pas, dit-elle.

Maintenant, Ron est dans la cuisine et se sert un verre.

— Je ne sais pas... Je ne sais pas.

— Comment ? Tu as changé d'avis ? Je peux te faire un cocktail comme tu les aimes. Vodka, crème, liqueur de café et glaçons, c'est bien ça ?

Sarah tente de croiser les jambes, mais elle est assise trop profondément dans le fauteuil, ses cuisses sont trop larges, et, malgré ses efforts, elle se retrouve une jambe en l'air, et l'autre toute tordue à côté, comme si elle était tombée de très haut.

Ron sort de la cuisine, regarde d'un air dubitatif par-dessus le dos du fauteuil, l'observe en train de se dégager, puis retourne furtivement à la cuisine. Il réapparaît quelques secondes après.

— Non, sérieusement. Tu veux que je te prépare un de tes cocktails à la vodka ?

— Non.

Ron, qui se trouve à la fois derrière elle et au-dessus d'elle, risque à nouveau une main sur son épaule, et cette fois elle ne se raidit pas, bien qu'elle ne se détende pas vraiment non plus. Elle reste assise comme un bloc de marbre et regarde droit devant elle.

— Tu as peur ? demande-t-il doucement.

Puis il ajoute :

— *Moi*, oui.

— Ben, non. Je n'ai pas peur.

Elle se tait un moment.

— Toi, tu as peur ? De quoi ?

Elle se retourne pour lui faire face, mais évite son regard bleu.

— Eh bien... Je ne fais pas ça tous les jours, tu vois. Ramener chez moi une femme que..., hésite-t-il.

— Que tu as ramassée dans un bar.

— Non. Enfin, je t'aime bien, Sarah, vraiment. Et je

ne t'ai pas seulement ramassée dans un bar, tu sais bien. Il faut qu'on soit amis, toi et moi.

— Tu veux coucher avec moi ? demande-t-elle, toujours en évitant de croiser son regard direct.

— Oui.

Il en a l'air convaincu. Il ne boit pas, pas la moindre petite gorgée de son verre. Il dit juste « Oui », un oui net et catégorique, pas trop rapide cependant, ni après une trop longue hésitation. La simple constatation d'un fait tout aussi simple. L'homme désire faire l'amour à la femme. Elle lui a posé la question, et il lui a répondu. Quoi de plus clair ?

— Et toi, tu veux coucher avec *moi* ? demande-t-il.

Elle se retourne dans le fauteuil et, à nouveau face au mur, dit à voix basse :

— Bien sûr, mais... C'est difficile à expliquer.

— Quoi ? Mais quoi ?

Il dépose son verre sur la table entre le fauteuil et le canapé, glisse les deux mains sur les épaules de Sarah et les masse légèrement. Il sait que le courage de poursuivre peut lui être ôté, mais il pense que ce ne serait pas si simple. Etant arrivé à ce point sans avoir rencontré aucun obstacle (excepté ceux qu'il avait lui-même placés sur son chemin), il ne sait pas exactement ce qui le ferait reculer. Il ignore, cependant, jusqu'où déployer sa séduction et son assurance envers elle. Il sent qu'il faudrait peu de chose pour l'arrêter, aussi n'est-il pas disposé à fournir à Sarah l'occasion de le faire. Il continue à masser la chair flasque de ses épaules.

— Toi et moi... on est vraiment différents.

Elle lance un regard à la bicyclette dans le coin de la pièce.

— Un homme... et une femme, dit-il.

— Non, ce n'est pas ça. Différents, je veux dire. C'est tout. Vraiment différents. Plus que tu ne... Tu es gentil, mais tu ne sais pas ce que je veux dire, et c'est entre autres pour ça que tu es gentil. Mais on est différents. Ecoute, dit-elle, je dois partir. Il faut que je m'en aille, maintenant.

L'homme ôte ses mains et récupère son cocktail, en boit une gorgée et, par-dessus le bord de son verre, regarde la femme se lever du fauteuil, non sans difficulté, puis se diriger rapidement vers la porte. Là, elle s'arrête, ajuste son chapeau, tourne la tête vers lui et le regarde.

— On reste amis, OK ?

— OK. Des amis.

— On se reverra chez *Osgood*, ça va ?

— Oh, oui, bien sûr.

— Bon. Au revoir, dit-elle en ouvrant la porte.

La porte se referme. L'homme contourne le canapé, allume la télévision et s'assied devant. Il ramasse un *TV Guide* sur la table basse, le feuillette, s'arrête, parcourt du doigt la liste des programmes, s'arrête, repose la revue et change de chaîne. Il n'a pas fait le rapport entre le magazine qu'il a en main et la femme qui vient juste de quitter son appartement. Il sait pourtant qu'elle passe toutes ses journées à empaqueter des *TV Guide* qui sont expédiés vers de lointaines régions de la Nouvelle-Angleterre. Il fera le lien une autre nuit, mais ce lien ne sera alors que purement sentimental. Pour lui, il sera trop tard pour comprendre ce qu'elle voulait dire par « différents ».

4

Mais là n'est pas le but de mon histoire. C'en est bien sûr une des facettes, l'aspect politique, si vous voulez, mais ce n'est pas la raison principale pour laquelle je vous parle de tout ceci. Si je m'efforce de raconter cette histoire, c'est pour pouvoir comprendre ce qui s'est passé entre Sarah et moi cet été-là et ces premiers jours d'automne, il y a dix ans. Déclarer que nous avons été amants ne révèle pas grand-chose ; ajouter que nous avons été amis en dit encore moins. Non, si je veux tout comprendre, je dois tout dire car, enfin, voici ce qu'il m'importe de savoir : ce qui a eu lieu entre Sarah et moi, était-ce bien, ou mal ? Le caractère, c'est le destin : on peut en déduire que, si un homme parvient à connaître et donc à contrôler un peu son caractère, il peut connaître et contrôler également son destin.

Mais je veux poursuivre mon récit. Quand nous nous sommes revus, Sarah et moi, c'était dans son appartement d'un quartier sud de Concord, un premier étage d'un immeuble de Perley Street. Pendant quelques semaines, je n'étais pas allé chez *Osgood*, évitant manifestement de m'y retrouver nez à nez avec Sarah, bien que je ne me le sois jamais vraiment avoué. Je trouvais des excuses, de nouveaux intérêts et de bonnes raisons pour aller ailleurs après le travail. Cependant, j'étais alors obsédé par Sarah, par l'idée de lui faire l'amour, et, comme il ne s'agissait pas là d'un véritable *désir* de lui faire l'amour, cela devint une obsession d'une complexité inhabituelle. Une passion sans désir, si elle se manifeste, peut en effet se comparer à un viol ; c'est peut-être parce que j'avais flairé le danger qui se cachait derrière mon obsession que je me suis donné tant de mal pour ne pas croiser Sarah.

Malgré tout, je l'ai rencontrée, par mégarde, bien sûr. Après être passé prendre des chemises chez le teinturier à l'angle de South Maine et Perley Street, je descendais cette dernière en direction de South State et du bureau de poste. C'était un samedi matin, et cette balade à vélo faisait partie de mon rituel ce jour-là. J'avais oublié que Sarah habitait Perley Street, bien qu'elle me l'eût dit plusieurs fois et s'en fût d'ailleurs plainte – c'est un vilain quartier aux cours en terre battue, aux bâtiments minables, avec des carcasses de vieilles bagnoles à moitié démontées qui reposent sur des parpaings devant l'entrée des immeubles, et des tricycles en plastique rouge et jaune, brisés, qui jonchent les trottoirs défoncés – mais je m'en suis souvenu en la voyant, elle.

Il était trop tard pour l'éviter. Je roulais sur mon vélo, en short et tee-shirt, avec, fixé au porte-bagages derrière moi, le paquet contenant mes chemises pliées et amidonnées. Elle marchait dans ma direction sur le trottoir, traînant deux grands sacs à provisions. Elle m'a vu et s'est arrêtée. On s'est parlé un moment et je lui ai proposé de prendre ses sacs. Je les ai portés pendant qu'elle poussait le vélo avec tant de précautions qu'on aurait dit qu'elle avait peur de le casser.

Nous nous sommes arrêtés devant la terrasse. Les marches en bois étaient encombrées de sacs poubelles à moitié ouverts qui déversaient dans le passage des coquilles d'œufs, du marc de café et des vieux papiers d'emballage.

— Je n'arrive pas à faire comprendre aux gens du rez-de-chaussée qu'ils doivent s'occuper de leurs poubelles, a-t-elle expliqué.

Elle a posé le vélo contre la rampe d'escalier et tendu la main vers ses sacs.

— Je vais te les monter, ai-je dit.

Je lui ai demandé de passer la chaîne antivol de la bicyclette autour de la rampe, puis de la fermer d'un coup sec, et je lui ai dit de prendre mes chemises.

— Tu veux une bière ? a-t-elle demandé en ouvrant la porte qui donnait sur le couloir sombre.

Devant moi, un escalier étroit disparaissait dans une obscurité profonde et humide, et l'air avait une odeur de vieux journaux.

— Bien sûr, ai-je dit en montant derrière elle.

— Désolée, il n'y a pas de lumière. J'arrive pas à la leur faire réparer.

— Ce n'est rien. Je n'ai qu'à te suivre, ai-je répondu, et même dans la pénombre du couloir j'apercevais les grosses veines bleu foncé qui couraient en stries épaisses le long de ses jambes.

Elle portait un bermuda moulant de toile blanche, des sandales de plage en caoutchouc et une blouse rose sans manches. Je l'imaginais faire la queue à la caisse du supermarché. Si j'avais été un inconnu se trouvant derrière elle, à sa vue je me serais détourné et je me serais plongé dans les couvertures des magazines, *TV Guide, People*, le *National Enquirer*, car rien de ce qui dans son apparence pouvait exciter la curiosité ne manquait également, à la lumière crue du jour, de provoquer ma gêne. Mais ici, je me faisais inviter chez elle et je fixais avidement le dos de ses jambes ravagées, ses vêtements tristes et de mauvais goût, sa pauvreté. Je n'étais pas détaché, je ne l'observais pas avec une quelconque curiosité scientifique, et, ma passion aidant, je ne sentais ou ne croyais pas que ce que je faisais était pervers. Sa présence me réchauffait, j'étais d'humeur badine, audacieux, et même plutôt sans-gêne.

Imaginez-vous ceci. L'homme, bronzé, souple, portant un short de jogging rouge, des sandales de cuir italiennes, un tee-shirt en filet moulant de fabrication et de design scandinaves, pénètre dans l'appartement à la suite de la femme dont la peau couleur de pâte à papier, le corps épais et court, et le visage laid, désagréable, échouent dans leur tentative commune de se dissimuler. Elle lui fait signe de s'avancer vers la table de la cuisine où il dépose les sacs, et il regarde autour de lui dans la pièce d'un air bienveillant.

— Et alors, où est-elle, cette bière avec laquelle tu m'as appâté ? demande-t-il.

L'appartement est sombre et encombré de vieux meubles démesurés, sans doute des objets de seconde main vendus par des particuliers qui les avaient acquis à l'origine, il y a quarante ou cinquante ans, pour une grande maison à la campagne ou pour un appartement spacieux sur un boulevard. Cédés ensuite par un antiquaire à un magasin de vieux meubles, et de là, passant de brocante en boutique de meubles d'occasion gérée au profit d'œuvres charitables, ils sont enfin achetés par Sarah Cole, traînés à Perley Street et hissés par l'étroite cage d'escalier, elle et ses enfants pestant et suant dans l'obscurité du couloir – un divan et des fauteuils rembourrés, des buffets disgracieux, des rocking-chairs recouverts de tapisserie, et, dans la cuisine, un vieux bureau en érable en guise de table, une demi-douzaine de lourdes chaises de salle à manger en chêne, une haute vitrine, le tout écaillé, taché, ébréché et lourdement campé sur un linoléum vert foncé.

Toutefois, l'endroit est propre et rangé de manière plus ou moins ordonnée, et l'homme y semble à l'aise. Il sort nonchalamment de la cuisine, entre dans le salon et jette un coup d'œil furtif aux trois petites chambres à coucher donnant sur un couloir derrière le salon. « Chouette appartement ! » déclare-t-il à la femme. Il étudie les photos encadrées de ses trois enfants, disposées au sommet du buffet comme sur un autel. « Chouettes gosses ! » s'exclame-t-il. Ils le sont. Blonds, propres, le visage rond et l'air tout à fait normal, leurs frimousses sympathiques, légèrement détournées de l'objectif, comme on leur a appris, et penchées vers la droite : on dirait qu'ils essaient de se rappeler le nom de la capitale du Montana.

Quand il revient dans la cuisine, la femme est en train de ranger ses provisions, et lui tourne le dos.

— Où est-elle, cette bière avec laquelle tu m'as appâté ? demande-t-il à nouveau.

Il prend place contre l'encadrement de la porte, le poids du corps sur la hanche, comme un danseur au repos.

— Tu es bien calme aujourd'hui, Sarah, dit-il à voix basse. Tout va bien ?

Sans rien dire, elle se détourne des sacs à provisions, se dirige vers l'homme en traversant la pièce, lève le bras vers lui, et, le saisissant par la tête, l'embrasse sur la bouche, roule son torse contre le sien, glisse ses mains sur ses hanches, l'attire tout contre elle d'un coup sec, et continue à l'embrasser, les yeux fermés, appuyant violemment son visage contre le sien. L'homme pose ses mains sur ses épaules et la repousse. Ils se font face, les yeux écarquillés, l'air étonné et effrayé. L'homme baisse les mains, et la femme lui lâche les hanches. Puis, après quelques secondes, l'homme se retourne sans un mot, se dirige vers la porte, et sort. Le dernier tableau qu'il aperçoit en fermant la porte derrière lui est celui de la femme, debout dans l'encadrement de la porte de la cuisine, les yeux baissés et légèrement de côté, son visage affichant la même expression sympathique que ses enfants sur les photos, essayant de se rappeler la capitale du Montana.

5

Sarah apparut à la porte de mon appartement le matin suivant, un dimanche frais et pluvieux. Elle m'avait apporté le paquet de chemises fraîchement blanchies que j'avais laissé dans sa cuisine, et, quand je lui ouvris la porte, elle me tendit simplement le colis, comme s'il s'agissait d'une offrande de pénitent. Elle portait un ciré jaune et un chapeau, et ressemblait plus à une lycéenne inconsolable devant un professeur irascible qu'à une adulte déposant un paquet chez un ami. Après tout, elle n'avait rien à se reprocher.

Je l'invitai à entrer, et elle accepta. J'étais en train de lire le *New York Times* du dimanche sur le canapé en buvant du café, paressant tout au long de ce matin gris en peignoir et pyjama. Je lui dis d'ôter son imperméable et son chapeau mouillés, les suspendis dans un placard près de la porte, et je me dirigeais vers la cuisine pour lui chercher une tasse de café quand je m'arrêtai, me tournai et la regardai. Elle ferma la porte du placard sur son ciré et son chapeau jaunes, se retourna et me fit face.

Que puis-je faire d'autre ? Il faut bien que je le décrive. Ce moment d'il y a dix ans, je m'en souviens comme s'il s'était passé il y a dix minutes, le paquet de chemises sur la table derrière elle, le journal étalé sur le canapé et sur le sol, le bruit du vent et de la pluie lessivant le côté du bâtiment dehors et le silence de la pièce, tandis que nous nous tenions l'un en face de l'autre en nous observant, pendant que nous ôtions, en même temps, nos vêtements : mon peignoir, sa blouse et sa jupe, le haut de mon pyjama, sa combinaison et son soutien-gorge, le bas de mon pyjama, son slip, jusqu'à ce que nous soyons tous les deux nus dans la lumière grise et crue, deux membres dénudés de la même espèce, un mâle et une femelle, le mâle un rien plus jeune et moins marqué que la femelle, celle-ci de constitution un rien plus grossière que le mâle, deux spécimens à la peau claire, une toison sombre à l'endroit des organes génitaux, deux individus se tenant debout, détendus, comme si, entre eux, une tension intense et prolongée venait enfin de se relâcher.

6

Nous fîmes l'amour dans mon lit, ce matin-là, durant de longues heures qui nous menèrent aisément dans l'après-midi. Et nous parlâmes, comme le font la plupart des gens passant la moitié de la journée ou de la nuit ensemble dans un lit. Je lui racontai mon passé, lui nommai et lui décrivis les gens que j'avais aimés et qui m'avaient aimé, mon ex-femme à New York, mon frère dans l'armée de l'air, ma mère à San Diego, je lui parlai de mes ambitions et de mes rêves et je lui confessai même quelques-unes de mes peurs. Elle m'écouta sans relâche, patiemment et intelligemment, et parla moins que moi. Elle m'avait déjà raconté des choses semblables la concernant, et peut-être ce qu'elle avait à me dire maintenant se situait-il au niveau suivant d'intimité ou ne pouvait-il tout simplement pas être exprimé par des paroles.

Durant les quelques semaines qui suivirent, nous nous rencontrâmes et fîmes l'amour souvent, et toujours dans mon appartement. En arrivant chez moi après le travail, je lui téléphonais, ou sinon, c'était elle qui m'appelait, et après quelques feintes et détours, l'un suggérait à l'autre que nous nous retrouvions le soir et, une demi-heure plus tard, elle sonnait à ma porte. Nous faisions l'amour avec passion, adresse, gentillesse, et avec une satisfaction profonde. Nous n'en parlions pas souvent entre nous, ni ne nous en vantions, comme le font certains couples étonnés par la facilité avec laquelle ils sont devenus des amants comblés. A l'occasion, toutefois, nous en plaisantions et nous nous taquinions l'un l'autre, en admettant malicieusement que notre seule activité commune était de faire l'amour, mais que nous le faisions si souvent que nous n'avions pas le temps de faire autre chose.

Puis, par une nuit torride, un samedi du mois d'août, nous étions allongés sur le lit par-dessus les draps enchevêtrés, fumant des cigarettes et bavardant paresseusement, quand Sarah proposa de sortir boire un verre.

— Sortir ? Maintenant ?

— Bien sûr. Il est tôt. Quelle heure est-il ?

J'examinai le réveil digital près du lit.

— Neuf heures quarante-neuf.

— Voilà. Tu vois ?

— Il n'est pas si tôt que ça. D'habitude tu rentres chez toi à onze heures, tu sais. Il est bientôt dix heures.

— Non, il est juste un peu plus de neuf heures. Ça dépend comment tu le vois. En plus, Ron, on est samedi soir. Tu ne veux pas sortir, aller danser, par exemple ? Ou bien c'est la seule chose que tu sais faire ? dit-elle, et elle me donna un coup de coude dans les côtes. Tu sais danser ? Tu aimes danser ?

— Ouais, évidemment... Bien sûr, mais pas ce soir. Il fait trop chaud. Et je suis fatigué.

Mais elle insista, me faisant joyeusement remarquer qu'un bar climatisé serait aussi frais que mon appartement, et il n'était pas nécessaire d'aller dans un dancing, nous pouvions aller chez *Osgood*.

— C'est un compromis, dit-elle.

Je proposai un endroit appelé *El Rancho*, un restaurant avec un grand bar sombre et une piste de danse, situé à quelques kilomètres de la ville, sur l'ancienne route de Portsmouth. Le restaurant fermait vers neuf heures et le bar se transformait en une sorte de relais, avec un petit orchestre country and western et une clientèle qui venait des quatre ou cinq villages qui jouxtaient Concord vers le nord et l'est. J'étais allé manger une fois au restaurant, mais je ne m'étais jamais rendu au bar, et je ne connaissais personne qui y soit allé.

Sarah se tut un moment. Puis elle alluma une cigarette et remonta le drap sur son corps nu.

— Tu veux que personne ne soit au courant de notre relation, c'est ça ? C'est bien ça ?

— Ce n'est pas ça... Mais je n'aime pas les commérages, et je travaille avec beaucoup de personnes qui viennent parfois chez *Osgood*. Particulièrement le samedi soir.

— Non, dit-elle fermement. Tu as honte d'être vu avec moi. Tu couches avec moi sans problème, mais tu ne te montreras jamais en public avec moi.

— Ce n'est pas vrai, Sarah.

Elle se tut à nouveau. Soulagé, je tendis le bras au-dessus d'elle, vers la table de nuit, et saisis mes cigarettes et mon briquet.

— Tu me le dois, Ron, dit-elle soudain, comme je ne faisais semblant de rien. Tu me le dois.

— Quoi ?

Je me recouchai, allumai une cigarette et remontai le drap pour me couvrir.

— J'ai dit, « Tu me le dois ».

— Je ne sais pas de quoi tu parles, Sarah. Je n'aime pas les ragots, c'est tout. Je veux préserver ma vie privée, rien de plus. Je ne te *dois* rien du tout.

— Tu me dois l'amitié. Et le respect. Amitié et respect. Une personne ne peut faire ce que tu as fait avec moi sans lui devoir amitié et respect.

— Sarah, je ne vois vraiment pas de quoi tu parles, dis-je. Je suis ton ami, tu le sais. Et je te respecte, vraiment.

— Tu penses cela réellement, n'est-ce pas ?

— Oui. Bien sûr.

Elle ne dit rien pendant un long moment. Puis, elle soupira et déclara d'une voix basse, presque inaudible :

— Alors, il faudra que tu te montres avec moi. Je me fiche d'*Osgood* et des gens avec qui tu travailles, on n'est pas obligés d'aller là, ni de les voir, dit-elle. Mais il faudra que tu ailles avec moi dans des endroits comme *El Rancho*, et aussi à d'autres endroits où je vais, où il y a des gens que *moi* je connais, des personnes avec qui *moi* je travaille, et nous irons peut-être même à des soirées, parce que figure-toi qu'il m'arrive d'être invitée à des fêtes. J'ai des amis, et j'ai aussi de la famille, et tu vas devoir la rencontrer. Mes gosses croient que je fais la tournée des bars quand je suis ici avec toi, et je n'aime pas ça, alors il va falloir que tu les rencontres pour que je puisse leur dire où je vais quand je ne suis pas chez moi le soir. Et toi aussi, tu viendras parfois passer la soirée chez moi !

Elle avait élevé la voix au fur et à mesure qu'elle entendait ses exigences et qu'elle en ressentait la légitimité, et maintenant elle était presque en train de hurler.

— Tu me *dois* cela. Ou alors, tu n'es qu'un sale type. C'est aussi simple que ça, Ron.

C'était vrai.

7

Le bel homme est trop bien habillé. Il porte un blazer bleu marine, une chemise gris-brun à col ouvert, des mocassins blancs et un pantalon blanc. Tous les autres, y compris la femme laide qui accompagne le bel homme, sont habillés comme il faut – c'est-à-dire comme tout le monde – en jeans et bottes de cow-boy, en blouses ou chemises de style western ou en tee-shirts où sont imprimés de jolies formules ou des noms de chanteurs de musique country. Beaucoup de femmes portent un chapeau de cow-boy repoussé en arrière et attaché sous le menton.

L'homme ne connaît personne dans le bar, ou dans la pièce s'ils sont à une réception, mais la femme connaît la majorité des gens qui sont là, et elle le présente avec joie. Les hommes sourient et lui serrent la main, lui tapent sur l'épaule malgré le veston, lui demandent où il travaille, et dans quel domaine, après quoi ils se taisent. Les femmes flirtent brièvement du regard, mais elles sombrent dans le mutisme encore plus rapidement que les hommes. La femme qui est avec l'homme en blazer assure la conversation pour tout le monde. Elle parle pour l'homme qui l'accompagne, pour ceux qui se tiennent près du réfrigérateur, ou, s'ils sont dans un bar, pour les autres hommes autour de la table, ainsi que pour les autres femmes. Elle parle pour ne rien dire et se perd en de bruyants monologues, rit aux éclats de plaisanteries banales et boit trop. La voici rapidement ivre, maladroite, la bouche pâteuse, et l'homme est obligé de dire au revoir à sa place, de la faire sortir et monter dans sa voiture, et de la reconduire chez elle, à son appartement de Perley Street.

Cela se passe deux fois la première semaine, trois fois la suivante – à *El Rancho*, à l'*Ox Bow* de Northwood, chez *Rita et Jimmy* à Thorndike Street, dans la ville de Warner où Betsy Beeler a sa nouvelle maison et, la dernière fois, à Lake Sunapee dans un pavillon de campagne loué par des jeunes qui travaillent au service de fret de l'imprimerie Rumford. Quand il rentre chez lui après son travail, Ron n'appelle plus Sarah. Il attend qu'elle le fasse, et parfois, quand il sait que c'est elle, il ne répond pas au téléphone. D'habitude, il laisse sonner cinq ou six fois, puis il prend le combiné et décroche. Il a ôté sa veste et son gilet, desserré sa cravate et se prépare à enfourner son dîner, des *manicotti* surgelés, dans le micro-ondes.

— Allô ?

— Salut.

— Comment ça va ?

— Bien, je crois. Un peu fatiguée.

— Encore la gueule de bois ?

— Non. Pas vraiment. Juste fatiguée. J'ai horreur du lundi.

— Tu t'es bien amusée, hier soir ?

— Euh, ouais, ça va. C'est chouette là-bas, le lac. Ecoute, dit-elle en s'animant. Pourquoi tu viendrais pas ici, ce soir ? Les gosses vont sortir tard, mais si tu viens avant huit heures, tu pourras les voir. Ils ont vraiment envie de te rencontrer.

— Tu leur as parlé de moi ?

— Bien sûr. Depuis longtemps. Je n'étais pas censée le dire à mes propres enfants ?

Ron se tait.

Elle dit :

— Tu ne veux pas venir ici ce soir. Tu ne veux pas rencontrer mes gosses. Non, tu ne veux pas qu'ils te voient, *toi*, c'est ça.

— Non, non, seulement... j'ai beaucoup de travail...

— Il faut qu'on parle, déclare-t-elle d'un ton catégorique.

— Oui, dit-il. Il faut qu'on parle.

Ils conviennent de se rencontrer chez lui, et de discuter. Ils se disent au revoir et raccrochent.

Pendant que Ron réchauffe son dîner et mange tout seul à la table de la cuisine, et que Sarah sert le repas à ses enfants, peut-être devrais-je avouer, comme nous approchons de la fin de mon histoire, qu'au fond je ne sais pas vraiment si Sarah Cole est morte. Il y a quelques années, je suis tombé par hasard sur une de ses amies de l'imprimerie, une blonde à la mâchoire proéminente. Elle m'a rappelé son nom : Glenda ; elle m'avait vu quelques fois chez *Osgood* et nous nous étions rencontrés une fois à *El Rancho*, quand j'y étais allé avec Sarah. J'étais étonné qu'elle se souvienne de moi, et un peu gêné de ne pas du tout la reconnaître. Ça l'a fait rire, et elle m'a dit : « Vous n'avez pas beaucoup changé, cher monsieur ! » J'ai alors fait semblant de me rappeler son visage, mais je pense qu'elle savait bien qu'elle m'était inconnue. Nous étions dans South Maine Street, devant chez Sears où j'étais allé acheter de la peinture. Je m'étais remarié depuis peu, et ma femme et moi redécorions mon appartement.

— Qu'est devenue Sarah ? ai-je demandé à Glenda. Elle est toujours à l'imprimerie ?

— Hou là, non ! Elle est partie il y a longtemps. Un fameux bout de temps. J'ai entendu dire qu'elle était retournée avec son ex-mari. Je me rappelle plus de son nom, quelque chose Cole. Eddie Cole, peut-être.

Je lui ai demandé si elle en était sûre, elle a dit non, qu'elle l'avait seulement entendu dire dans les bars et à l'imprimerie, mais qu'elle avait supposé que c'était vrai. On disait que Sarah s'était remise en ménage avec son ex-mari, et qu'elle avait habité un moment avec lui et les enfants dans une caravane dans un parc près de Hooksett et puis, quand les gosses, ou du moins les garçons, avaient arrêté l'école, les autres avaient déménagé pour aller en Floride, ou ailleurs, parce qu'il n'avait plus de travail. Il était menuisier, pensait-elle.

— Il était brutal avec elle, ai-je observé. Je crois bien qu'il la battait, et tout ça. J'avais dans l'idée qu'elle le détestait.

— Ah oui, ça, c'était un salaud, c'est sûr. Je l'ai vu quelquefois, et je l'aimais pas. Petit, affreux, et méchant quand il avait bu. Mais vous savez ce qu'on dit.

— Que dit-on ?

— Oh, vous savez bien, qui se ressemble...

— Sarah ne devenait pas méchante quand elle avait bu.

La femme a ri.

— Non, mais elle était petite et affreuse, ça oui !

Je n'ai rien dit.

— Hé, ne le prenez pas mal, a repris Glenda. J'aimais bien Sarah. Mais vous et elle... enfin, vous formiez un drôle de couple. Elle ne se sentait probablement pas tant intimidée, et tout ça, avec son mari, a-t-elle déclaré d'un air sombre. Je veux dire que vous, grand, blond, et cette pauvre vieille Sarah... Et enfin, la façon qu'avaient les gars de l'imprimerie de la charrier avec sa dégaine, rien que de devoir entendre ça, c'était gênant.

— C'est que... je l'aimais, dis-je.

La femme a haussé ses sourcils épilés d'un air incrédule. Elle a souri.

— Bien sûr, c'est ça, mon chou, a-t-elle dit, et elle m'a tapoté le bras. Bien sûr que vous l'aimiez.

Son sourire a disparu, elle s'est retournée et elle est partie.

Quand un être que vous avez aimé meurt, vous acceptez le fait qu'il soit mort, mais il survit alors dans vos souvenirs, dans vos songes et vos rêveries. Vous entretenez avec lui ou avec elle des conversations imaginaires. Quand vous voyez une chose qui vous touche, vous décidez de la raconter à votre ami, et puis le souvenir de son décès vous arrête net, et la nuit, dans votre sommeil, le mort vous rend visite. Avec Sarah, rien de tout cela n'est arrivé. Quand elle a disparu de ma vie, elle s'est complètement évanouie, comme si elle n'avait jamais existé. Ce n'est que plus tard, quand j'ai pu me la représenter morte et quand j'ai été capable d'exprimer cela en disant mon amie Sarah Cole est morte, que j'ai été en mesure de raconter cette histoire, car c'est alors qu'elle a commencé à hanter mes souvenirs, mes songes et mes rêveries. C'est de cette façon que j'ai appris que je l'aimais vraiment, et maintenant, j'ai commencé à pleurer sa mort, à désirer qu'elle soit de nouveau vivante pour pouvoir lui dire ce que je ne pouvais pas savoir ni dire de son vivant, quand je ne savais pas que je l'aimais.

8

La femme arrive à l'appartement de Ron vers huit heures. Comme le pot d'échappement de sa voiture est hors d'usage, il entend le moteur bêler et gronder en bas dans le parking. Il traverse rapidement l'appartement depuis la cuisine pour jeter un coup d'œil inquiet par la fenêtre du salon. Comme dans un télescope, il l'observe se glisser le long du siège du passager pour sortir de la voiture, puis marcher lentement vers l'immeuble, à la lumière du crépuscule. L'air est tiède ce soir, et elle porte son bermuda blanc, sa blouse rose sans manches et ses sandales de plage. Ron déteste ces vêtements. Il hait la façon dont le short entaille la chair de son entrejambes et de ses cuisses, il exècre les larges grottes sombres sous ses bras découverts par la blouse, il abomine le bruit de succion émis par les sandales.

Peu de temps après, on frappe doucement à la porte. Il l'ouvre, fait volte-face et se dirige vers la cuisine. Là, il se retourne, allume une cigarette et l'observe. Elle ferme la porte. Il lui propose un verre, qu'elle refuse, et, d'une manière quelque peu cérémonieuse, il l'invite à s'asseoir. Elle s'assied avec précaution au centre du canapé, les pieds serrés l'un contre l'autre sur le sol, comme lors d'une entrevue pour obtenir un travail. Alors il arrive et prend place dans le fauteuil, détendu, une jambe croisée sur l'autre comme si c'était lui qui l'interviewait.

— Bon, dit-il, tu voulais parler.

— Oui. Mais maintenant tu es fâché contre moi. Je le vois bien. J'ai rien fait, Ron.

— Je ne suis pas fâché contre toi.

Ils se taisent un moment. Ron continue à fumer sa cigarette.

Finalement, elle soupire et dit :

— Tu ne veux plus me voir, n'est-ce pas ?

Il laisse s'écouler quelques secondes, et répond :

— Oui. C'est vrai.

Se levant du fauteuil, il se dirige vers le vélo gris argenté et reste devant, faisant glisser un doigt le long du cadre, de la selle au guidon chromé.

— T'es un salaud, dit-elle à voix basse. Tu es pire que mon ex-mari.

Puis, elle sourit méchamment, encore un peu elle ricanerait, et il se rend compte qu'elle est en train de lui dire qu'elle ne partira pas. Il est coincé avec elle, l'informe-t-elle avec une froide précision.

— Tu t'imagines que je ne suis qu'un tas de viande, et que tu n'as qu'à appeler le boucher pour annuler ta commande. Eh bien, il va falloir que tu comprennes. Tu *ne peux pas* annuler ta commande. Je ne suis pas de la viande. Je ne suis pas une de tes jolies petites amies qui accourent quand tu les siffles et qui s'en vont quand t'en as marre. Je suis *différente* ! J'ai rien à perdre, Ron. Rien. Et t'es coincé avec moi, Ron.

Il continue à caresser sa bicyclette.

— Oh, que non.

Elle s'enfonce dans le canapé et croise les chevilles.

— Tout compte fait, je prendrais bien ce verre que tu m'as proposé.

— Ecoute, Sarah, il vaudrait mieux que tu partes, maintenant.

— Non, dit-elle d'un ton catégorique. Quand je suis entrée, tu m'as offert un verre. Rien n'a changé depuis que je suis là. Ni pour moi, ni pour toi. Je veux bien ce verre que tu m'as proposé, dit-elle avec arrogance.

Ron se détourne du vélo et fait un pas vers elle. Son visage s'est figé.

— Trop, c'est trop, dit-il en serrant les dents. Je t'ai donné assez.

— Prépare-moi un verre, tu veux, mon chou ? dit-elle avec un sourire factice.

Ron lui ordonne de partir.

Elle refuse.

Il l'attrape par le bras et la met debout d'un coup sec.

Elle commence à pleurer doucement. Elle reste là, lève les yeux vers lui et pleure, mais comme elle ne se dirige pas vers la porte, il la pousse. Elle retrouve son équilibre et continue à pleurer.

Il prend du recul, pose ses poings sur ses hanches et la regarde.

— C'est ça, continue, et va-t'en, horrible pouffiasse ! lui jette-t-il, et en disant cela, à mesure que lui viennent ces paroles, elle se métamorphose en la plus belle femme qu'il ait jamais vue.

Ces mots, il les répète, presque tendrement. Va-t'en, horrible pouffiasse ! Ses cheveux sont d'or, ses yeux bruns profonds et tristes, sa bouche charnue et tendre, ses larmes sont celles de l'amour gagné et perdu ; ses bras tendus et suppliants, son corps entier, sont les bras et le corps d'une femme qui s'offre et voit son amour cruellement rejeté. Il prononce les mots une troisième fois. Va-t'en maintenant, horrible et répugnante pouffiasse ! Elle est enveloppée d'une aura de lumière dorée, une brume dense et chaude dans laquelle elle semble être entrée comme dans un carrosse. Et puis elle part, et il est seul à nouveau.

Il regarde autour de lui dans la pièce, comme s'il la cherchait. S'asseyant dans le fauteuil, il se prend la tête entre les mains. Ce n'est pas comme si elle était morte ; c'est comme s'il l'avait tuée.

DU BOIS À BRÛLER

Si Nelson Painter est vieux, il ne le sait pas encore. Les calendriers, les horloges, les dates d'événements qui resurgissent dans son esprit avec leurs noms, et même (bien qu'ils soient si personnels qu'ils ne sont pas toujours très fiables) ses souvenirs, tout lui dit qu'il n'est pas vieux, pas encore, pas si tôt dans la partie. Tout, sauf son corps, lui affirme qu'il est impossible d'arriver à soixante et un ans seulement et d'être vieux. D'ailleurs, même son corps est ambigu à cet égard, car il n'est pas possible, par exemple, pour un véritable vieillard de sortir du lit tous les matins comme lui à six heures, y compris le dimanche en plein hiver alors qu'il fait encore noir et que la neige tombe doucement par une température qui ne décolle pas de moins vingt-cinq. Il enfile ses pantoufles et sa robe de chambre dans l'obscurité pour ne pas réveiller sa femme, entre dans la salle de bains où il se dépêche d'uriner, puis, les mains enfoncées dans les poches de sa robe de chambre parce que la maison est si froide, il descend vite au rez-de-chaussée sous la lumière de la lampe qu'il vient d'allumer, rattrapant avec chaque marche la buée qui sort de sa bouche, les planches de l'escalier émettant un craquement familier sous ses pieds. Il traverse le séjour jusqu'à l'entrée de la cuisine, soulève le loquet de la porte basse et salue la chienne d'un mouvement de tête. Elle a le bas du dos raide à cause d'une malformation des hanches – c'est un grand danois de sept ans avec un œil jaune et l'autre marron.

La chienne fait un petit bruit sec avec ses griffes contre le linoléum et elle attend devant la porte de dehors que l'homme allume le plafonnier, qu'il referme l'entrée du séjour où le mobilier confortable et la moquette épaisse reposent dans leur sanctification d'objets éternellement neufs comme dans la vitrine d'un magasin, qu'il lui ouvre enfin, d'abord la porte puis le volet pare-tempête en aluminium, et qu'il la laisse partir dans la cour, elle, la grande et pesante bête. Nelson Painter reste quelques secondes derrière la vitre argentée par le givre, et il essaie de se remémorer ce qu'il était en train de rêver quelques instants plus tôt. Le rêve se passait il y a des années, et en ce sens il était comme la plupart des autres. C'est un phénomène qui continue à troubler Nelson, à l'irriter, en fait, et parfois à lui faire prendre une colère, parce qu'il estime qu'on devrait être capable d'avancer dans ses rêves comme on progresse dans la vie. Les enfants grandissent, on épouse une autre femme, on quitte la ville, on revient, on change encore et toujours. On se dit que les songes devraient être au courant et en tenir compte à leur façon. Il sait bien qu'il n'a pas les mêmes pensées qu'il y a dix ou vingt ans. Alors, bon Dieu, pourquoi les mêmes rêves ? Pas absolument identiques, bien sûr, mais pas loin – et dans leur ton, leur atmosphère et presque toujours leur cadre et leurs personnages, il fait aujourd'hui les mêmes rêves que lorsqu'il était un homme jeune de trente et de quarante ans, que ses enfants étaient des enfants et qu'il était marié à leur mère.

A cette époque il menait une vie bruyante et tumultueuse, querelleuse aussi la plupart du temps, il en parlait comme d'une « cocotte-minute ». Mais elle n'était pas totalement nulle, en tout cas pas aussi mauvaise que sa première femme le prétendait – et qu'il le pensait aussi, bien qu'il n'ait pas eu tort de la laisser avec les gosses et de passer à une autre vie, à une autre femme qui ne soit pas tout le temps à le contrarier et qui semble l'aimer davantage que la première. Disons plutôt qu'elle paraît aimer ces côtés de lui qu'il apprécie lui-même ou qu'il croit apprécier. Ou qu'il souhaite apprécier. Son humour, par exemple. Il est drôle, rapide, sarcastique, d'une façon intelligente et cruelle qui prend les gens par surprise et en général les force à rire. Et le fait qu'il soit bourré de principes : on peut appeler ça un refus du compromis, une forme d'intolérance, lorsque, comme sa première femme (à qui échappaient bien des choses le concernant), on ne comprend pas la foi qu'il met en ses propres croyances. Il y a aussi son indépendance, cette affirmation qu'il n'a besoin de l'amour de personne, bien qu'il prétende être heureux de ce qu'il reçoit et avoir en lui plein d'amour à rendre. Pourtant, au fond, quand le fond touche le fond, comme il dit, il n'éprouve pas de *respect* pour l'amour, et cela lui plaît.

Il ne peut pas voir la neige tomber, mais il sait qu'elle descend – il est possible qu'il l'entende, des petites particules de blanc qui mouchettent le sol gelé. Quand on a vécu toute une vie ou presque dans un rayon de quatre-vingts kilomètres de son lieu de naissance, on a le corps qui répond aux changements du temps bien avant l'esprit, de sorte que pour la météo on consulte son corps plutôt que le temps lui-même. Quand la pression baisse on a la peau qui se tend, on sent l'humidité dans l'air, on entend des bourrasques de neige s'abattre dans le noir et on comprend ce qui nous attend. Le corps de Nelson Painter, en cette heure matinale de mi-janvier, au centre du New Hampshire, sait que le baromètre est en train de chuter, que l'humidité et la température sont en hausse et que du sud-ouest arrive une tempête de neige, peut-être même un blizzard. Par conséquent Nelson Painter sait que la corde de bois à brûler – des bûches de soixante centimètres d'érable et de bouleau entassées en vrac depuis un mois dans sa cour près de l'allée du garage – sera recouverte de trente ou soixante centimètres de neige à midi, ce qui l'écœure parce que son fils devait venir chercher ce bois il y a déjà une ou deux semaines, si ce n'était pas même avant Noël, le jour où Nelson lui a téléphoné pour lui en parler (c'était le cadeau de Noël qu'il faisait à son fils). Il n'y avait pas de neige, alors, et le sol, gelé ferme depuis novembre, était aussi dur qu'une plaque d'acier. Les bûches, larguées sans cérémonie d'un vieux camion à plate-forme par le même marchand du coin qui vend à Nelson tous les ans son bois pour l'hiver (il en prend dix cordes), avaient rebondi et roulé sur le sol en un tas désordonné qui aussitôt avait paru très laid à Nelson. Mais il s'était dit que son fils allait arriver de Concord dans son pick-up japonais pour l'emporter chez lui, aussi l'avait-il laissé là sur la pelouse dure et luisante comme de l'os, au bord de l'allée. Ensuite, après Noël il y a eu un dégel, la « fonte de janvier », et toute la cour s'est changée en boue, le bois s'est enfoncé sous son propre poids, et il a plu, puis regelé, un froid très dur, et maintenant le bois est collé à la cour comme si les molécules de hêtre et de bouleau avaient été soudées aux molécules glacées des herbes mortes et de la boue.

Les yeux rivés à la couche de givre argentée sur le volet pare-tempête, Nelson se rend compte qu'il neige de l'autre côté et il se dit : il va falloir que je téléphone à ce con pour qu'il se ramène et qu'il emporte son cadeau de Noël, sinon je serai obligé de voir tout ça au printemps émerger de la neige fondante comme un putain d'ossuaire. Il referme la porte intérieure et s'éloigne, puis un instant plus tard le voici à genoux devant son poêle à bois, un fourneau en fonte acheté chez Sears, bas et assez profond pour contenir des bûches de soixante. Après avoir froissé en boules et en tortillons les pages de l'*Union Leader* du dimanche précédent, il introduit les bouts de bois d'allumage taillés dans des bûches d'érable, frotte son allumette sur la plaque à l'avant du poêle et la jette enflammée à l'intérieur. Puis il referme le volet d'un coup sec, et en s'asseyant sur ses talons il écoute le poêle gémir tandis que les flammes naissent, se renforcent et grandissent.

Un instant plus tard Nelson se relève lentement, va d'un pas traînant jusqu'à l'évier, et là, dans le placard du haut, à droite, près de la petite fenêtre carrée d'où l'on perçoit l'obscurité de la cour, du pré et plus loin des forêts, il prend une bouteille de vodka. Il plonge son autre main dans le placard de gauche d'où il retire un verre à jus de fruit qu'il pose sur l'égouttoir. Puis, de sa main droite qui ne tremble que légèrement, il remplit le verre de vodka, rebouche la bouteille et la remet à sa place. A présent il savoure son premier alcool de la journée avec une lenteur délibérée, c'est un acte qui revêt pour lui toute la mesure et tout le rayonnement d'un sacrement, un acte qui lui est aussi doux que le lever de soleil sur les collines du New Hampshire brûlées par l'hiver, aussi frais et net que le givre nouveau. Ce premier verre est le meilleur de la journée. C'est comme s'il ne buvait tous les autres, entre l'instant présent et le moment où il tombera sur son lit ce soir, que pour rendre le premier inoubliable. Sans eux, sans le manque qu'ils créent dans son sang, ce premier verre ne serait rien, un préliminaire à d'autres préliminaires. Mais avec eux, il devient le point culminant de la journée de Nelson. Il sirote la vodka sans interruption, comme s'il la mordillait, et il éprouve pour elle une gratitude presque sans bornes. Bien qu'il semble scruter l'obscurité au-delà de la fenêtre, il ne voit pas plus loin que le verre qu'il tient dans sa main et il ne pense qu'à la vodka qui se love dans sa bouche comme une minuscule poche translucide, se crève en un filet qui roule dans sa poitrine en descendant jusqu'à l'estomac où l'alcool passe dans le sang puis atteint le cœur et le cerveau, ce qui l'agrandit, l'introduit à une vie chaleureuse, emplit cet homme aussi froid que la pierre d'une nouvelle lumière, de sensations et même de sentiments, lui accordant la grâce d'éprouver une nostalgie précise pour chaque seconde de sa vie qui s'enfuit – en quoi il est aussi près de l'amour qu'il peut l'être depuis des années, peut-être depuis son enfance.

Dehors la chienne gratte faiblement à la porte, presque comme si elle s'excusait, et Nelson, après avoir rincé le verre et l'avoir rangé dans le placard, finit par se retourner, par laisser rentrer l'animal glacé. Elle est abjecte, elle fait tout pour ne pas être dans les pieds de son maître, ce qui n'est pas facile parce qu'ils sont tous deux de grande taille et que la pièce est petite. Mais quand il traverse pour vérifier le poêle, la chienne s'éloigne vite en boitillant et reste contre l'évier jusqu'à ce qu'il revienne. Elle se replace alors près de la porte d'où elle l'observe, attendant qu'il ait posé la cafetière sur la cuisinière électrique et qu'il se soit assis à la table en Formica de l'autre côté de la pièce. A la fin, lorsque Nelson déplie le journal de la veille et se met à lire, la chienne décrit un arc de cercle et se couche près du poêle en un tas disgracieux de pattes, de queue, de cou, de museau et d'oreilles, comme une tente fauve affaissée au sol.

Elle est réveillée une heure plus tard par le bruit de Nelson qui compose un numéro de téléphone. Elle lève sa lourde tête et le regarde assis à la table en train de composer un numéro sur l'appareil fixé au mur à côté de lui. La pièce est pleine de lumière blanche, à présent, ainsi que d'une odeur de café, de pain grillé et de fumée de bois. Nelson tient le combiné d'une main, assez loin de son oreille, il laisse sonner huit, neuf, dix fois, jusqu'à ce qu'enfin son fils réponde.

— Allô ?

— Bonjour.

— Oh, bonjour, papa.

— J'te réveille ?

— Oh ouais. Quelle heure il est ? Huit heures ? Pfff, même pas sept heures et demie. Qu'est-ce qui se passe ?

— Bon, écoute. Tu préfères que je te rappelle plus tard ? T'es tout seul ? T'as quelqu'un avec toi ?

— Ah, ça m'étonnerait. Ouais, j'suis tout seul. Non, non, t'as pas besoin de rappeler, je peux parler, j'suis réveillé. Seulement hier soir je me suis couché tard, c'est tout, dit-il.

Puis, avec un empressement soudain :

— Bon, qu'est-ce qui se passe ? Comment vas-tu ?

Nelson répond « bien » et en vient tout de suite à la raison de son appel :

— T'as une corde de bois à brûler qui t'attend dans ma cour, Earl, et la neige a commencé à descendre, alors si tu veux en utiliser un tant soit peu cet hiver t'as intérêt à te ramener ici et à le sortir ce matin.

Earl marmonne « merde » mais assure aussitôt son père qu'il sera là dans quelques heures.

— De toute façon ça me fera plaisir de te voir, ajoute-t-il. Ça fait combien qu'on s'est pas vus, depuis Noël ?

— Avant.

— Oui, avant. Bon, on va rattraper ça.

Nelson approuve, les deux hommes se disent au revoir et raccrochent. Nelson se lève péniblement, tire une bûche du casier à bois et la fourre dans le poêle, se dirige vers le placard au-dessus de l'évier, sort la bouteille de vodka et le verre, et il se verse sa deuxième ration de la journée. La chienne le regarde avec ses yeux jaune et marron alanguis par la chaleur, puis elle les ferme complètement et s'endort.

La femme du rêve de Nelson Painter est parfois celle de son premier mariage, Adele, qui vit à présent seule à San Diego, et parfois c'est Allie, sa deuxième femme, qui habite avec lui cette maison. Elle est employée de mairie mais elle a son bureau ici, dans la pièce qu'il lui a fabriquée en transformant l'appentis reliant la maison à la grange. Dans le rêve, il ne semble pas que ça ait une quelconque importance, Adele ou Allie. Elles ont le même comportement, elles lui crient dessus : c'est un rugissement furieux et perçant, un mélange effrayant de rage et de rejet qui l'accuse de tout en général et de rien en particulier. Ce rêve se situe toujours dans le New Hampshire, bien que parfois il ait plus précisément lieu dans les HLM et les caravanes où il vivait avec Adele lorsqu'ils élevaient leurs trois enfants. Nelson était alors apprenti charpentier, puis il a été qualifié et il a travaillé pour des chefs d'équipe de Catamount. Il arrive aussi que le rêve ait pour cadre cette maison, une ferme rénovée du XIXe siècle qu'il a achetée lorsqu'il a épousé Allie. A cette époque il avait commencé à bien gagner en organisant des chantiers pour l'Etat du New Hampshire et pour de grands entrepreneurs d'autres Etats. On construisait des barrages, des hôpitaux, et à présent c'est la centrale nucléaire de Seabrook. Nelson n'organise plus de travaux, il n'est plus chef de chantier, bien sûr, parce que c'est devenu trop difficile pour quelqu'un qui n'a jamais eu de diplôme d'ingénieur et qui ne peut plus se concentrer comme autrefois, mais malgré tout il gagne bien, trente-six mille dollars l'année passée, plus qu'Earl qui enseigne à Catamount, plus que cet enfoiré de Georgie dans le Rhode Island qui travaille pour l'Etat comme conseiller de mes deux mais qui n'écrit jamais à son père et ne téléphone pas plus. Il fait comme si son vieux était mort, bon sang. Qu'est-ce qu'il peut avoir dans le crâne, un gamin comme ça, un homme de plus de trente ans qui ne daigne même pas parler à son père ? Au moins Earl entretient des rapports avec lui, plus ou moins, bien qu'on eût parié que si l'un des deux garçons devait détester son père ce serait Earl, l'aîné, qui était tellement plus proche de sa mère et qui avait douze ans quand Nelson les a quittés, ce qui probablement en a fait le confident de sa mère pendant toutes ces années où elle en voulait à Nelson de les avoir abandonnés sans leur envoyer d'argent. Mais Georgie : c'était toujours lui qui paraissait facile et amical. C'est absurde, tout comme ce songe dans lequel Nelson entre nonchalamment dans la pièce – ce pourrait être une cuisine ou une chambre à coucher – et la femme, Adele ou Allie, s'interrompt dans son travail – elle est en train de repasser, ou de ranger la vaisselle, ou de sortir des vêtements d'une malle –, lève les yeux, et dès qu'elle le reconnaît brandit un doigt dans sa direction en hurlant comme pour dire : « C'est *lui* ! C'est *lui* qui m'a tuée, qui a assassiné mon bébé, qui a abattu mon père, ma mère, ma sœur et mon frère ! *Lui ! Lui ! Lui !* »

Malgré sa folle violence, le rêve n'oppresse pas Nelson autant qu'il le met en colère. Il sait qu'il parle de culpabilité, pas de rédemption, et il s'est dit plus de cent fois que *bien sûr* il se sent coupable d'avoir si mal traité tous ces gens pendant des années, ses femmes, ses enfants et d'autres aussi, de vieux amis qui ne lui adressent plus la parole, ses sœurs, ses beaux-frères, ses employeurs et même des inconnus, des gars qu'il a rencontrés dans des bars après le travail et avec qui il est resté tard à boire, et puis il ne sait comment ils se sont mis à se disputer, et avant même qu'il se rende compte de ce qui lui arrive ça recommence, et voilà que quelqu'un le tire et le flanque à la porte ou qu'on le relève, qu'on le met sur ses pieds et que des inconnus le poussent vers sa voiture. Il zigzague dans le parking à la recherche de son véhicule, démarre et roule lentement jusqu'à la maison où depuis des années Adele et maintenant Allie l'attendent pour lui crier dessus, ou, si elles ne crient pas, pour lui jeter des regards furieux puis le mépriser, lui tourner le dos jusqu'à ce qu'il explose une fois de plus et détruise la patiente tendresse qu'il a établie entre eux depuis la dernière fois. Oh certes, il sait bien que tous les deux ou trois ans il perd son sang-froid et gifle sa femme en plein visage ou la pousse trop fort. Mais ce n'est pas un mari de *femme battue*, ce n'est pas un de ces mecs qui se défoulent sur quelqu'un qui ne peut pas se défendre. Non, il lui arrive juste de temps à autre de ne plus se maîtriser, mais très rarement, bordel, et seulement quand on l'a harcelé, houspillé, critiqué, embêté jusqu'à ce qu'il n'en puisse plus et que ça éclate, qu'il se défende, qu'il la repousse, qu'on le laisse enfin tranquille, bon Dieu, pour qu'il puisse *réfléchir*.

Vers huit heures, Nelson avale son troisième verre. Puis, quittant la cuisine et traversant le bureau encombré d'Allie, il entre dans la grange noire et froide où ses dix cordes de bois sont empilées en rangées nettes qui montent à hauteur d'homme contre le mur latéral jusqu'au fond de l'imposante construction. Lorsqu'il revient, déjà glacé et les bras chargés de bûches, il voit sa femme devant la cuisinière en train de chauffer de l'eau pour son thé. Ses cheveux bleu-gris sont encore mouillés par la douche et lissés en arrière comme ceux d'un garçon. Elle porte ses vêtements western habituels, un jeans trop serré pour ses hanches larges et ses jambes solides, une chemise à carreaux rouge et blanc avec des pressions nacrées. Il n'aime pas sa façon de s'habiller, bien qu'il ne l'exprime jamais directement. « Tu t'habilles comme si tu voulais faire croire que tu élèves des chevaux », lui a dit Nelson. Avec la plupart des gens (mais plus avec lui), Allie prend des attitudes masculines qui dérangent Nelson – un franc-parler jovial. C'est quelqu'un qui vous envoie des claques dans le dos, des coups de poing sur l'épaule, et ces façons-là justement plaisaient à Nelson lorsqu'il a commencé à sortir avec elle. Déjà bien avant, il en était venu à mépriser le côté larmoyant d'Adele, son manque d'assurance et sa tendance à la dépression, de sorte que la bonhomie d'Allie et son langage un peu rude avaient débarrassé Nelson de sa culpabilité pendant quelque temps, peut-être un an ou deux, le temps pour lui de percevoir la femme étrangement fragile qui se cachait derrière les bravades. Dès lors, quand il la blessait avec ses mots durs et inattendus, et de temps à autre avec ses mains aussi, il s'était remis à se sentir coupable, comme avec Adele. On se dit qu'une femme est costaud, qu'elle peut encaisser, alors on la traite à égalité et avant qu'on se rende compte voilà qu'elle ne peut plus le supporter et qu'on est obligé de tourner autour d'elle sur la pointe des pieds comme si en posant le talon franchement une seule fois on allait la faire éclater en mille morceaux larmoyants. De plus en plus, Nelson estime que la seule route clairement tracée vers le bonheur est celle où il est seul. Il y voit le seul moyen de ne pas faire de mal aux autres, car, selon son expérience, c'est en leur faisant du mal qu'on leur donne barre sur vous. Prenez Georgie, son fils. Si ce garçon a un pouvoir sur Nelson, c'est parce qu'il croit que Nelson lui a fait du tort il y a plus de vingt ans, quand il n'avait que dix ans. Earl, lui, c'est autre chose. Il est bâti d'un matériau plus dur. On ne peut pas vraiment le blesser ; en ce sens il est comme son père. Il ne se laisse pas approcher suffisamment pour qu'on le meurtrisse, et du coup il ne prend pas non plus d'ascendant sur vous. Voilà le genre d'amour que Nelson comprend et respecte en même temps. C'est ce qu'il a connu avec sa seconde femme pendant la première ou les deux premières années de leur mariage, et c'est ce qui lui manque chez elle à présent.

— T'es levée, hein, dit-il au dos d'Alice, puis il laisse tomber le bois dans le casier, ce qui tire la chienne de son sommeil et la fait sursauter.

— Ouais.

La chienne se met debout sur ses pattes et s'avance vers Allie, frotte sa tête contre la main de la femme jusqu'à ce que celle-ci la caresse entre les longues oreilles pendantes.

— Ah, espèce de gros bébé, dit Allie.

La chienne fait reposer son poids contre la cuisse d'Allie qui continue à caresser la grande bête disgracieuse. C'est le chien d'Allie, pas de Nelson – il maintient qu'il n'aime pas les animaux. Il ne les a jamais aimés, aussi loin qu'il se souvienne. Il ne sait pas pourquoi c'est comme ça, et il ne s'en préoccupe plus, s'il s'en est d'ailleurs jamais soucié. Il est trop tard pour s'en soucier. C'est comme ça qu'il a survécu, et donc c'est ce qu'il est. Que les autres s'adaptent à lui – Allie, Earl, Georgie, tous. Si, comme Georgie, ils ne veulent pas s'adapter, tant pis, qu'ils s'en aillent, qu'ils le laissent tranquille. Tranquille pour réfléchir.

— Le journal est arrivé ? lui demande Allie.

— Si tu as envie de sortir le chercher, il y est.

Nelson s'est rassis à la table et fait face au poêle, se frottant les mains devant lui pour se les réchauffer. C'est un homme grand, bien en chair, et il ressemble à un ours en train de se nettoyer les pattes après manger.

— Tu vas t'habiller ? lui demande-t-elle.

— Sans doute, plus tard. C'est dimanche.

— Je sais. Mais je...

— Tu quoi ?

— Rien.

Elle se dirige vers le réfrigérateur, sort du freezer une boîte de jus d'orange surgelé et revient à l'évier pour le préparer.

— Earl va venir, dit-il. Il pourra prendre le journal dans la boîte aux lettres et nous l'apporter.

— Il vient pour le bois ? Mais il neige !...

— C'est justement pour ça. S'il ne le prend pas maintenant, ça va rester là jusqu'en avril.

Tout d'un coup il se lève, et la chienne clopine pour s'éloigner de l'évier. Allie se tourne vers lui.

— Quoi ? demande-t-elle.

Nelson regarde fixement par la fenêtre à côté du poêle, scrutant l'allée et la cour où s'entasse le bois de son fils.

— Quoi ? répète-t-elle. Qui est-ce ?

— Laisse-moi tranquille. Bon sang, laisse-moi tranquille ! J'essaie de réfléchir.

Il se rapproche de la fenêtre et regarde dehors comme s'il cherchait quelqu'un dans le lointain neigeux.

Allie recommence à casser le jus d'orange en morceaux qu'elle met dans un pichet de plastique vert tandis que la chienne, assise sur ses hanches rachitiques, observe Nelson à la fenêtre.

— Peut-être je ferais mieux de m'habiller, dit-il à voix basse. Comme ça je pourrai aider Earl à dégager le bois et à le charger. C'est gelé dans le sol, presque tout.

Allie ne dit rien.

— Peut-être je vais lui retéléphoner. Pour voir s'il est déjà parti.

— Il faut une demi-heure quand il fait beau. Ça lui prendra une heure aujourd'hui, dit Allie sans le regarder. Tu n'as pas besoin de te presser.

Elle parle posément, lentement, d'une voix délibérément calme.

Nelson compose le numéro de son fils, s'assoit et laisse sonner. À la quatrième sonnerie, Earl décroche.

— Allô ?

— Bonjour, dit Nelson.

— Oh, salut, papa.

— Je me demandais...

— Ouais, bon, je suis désolé. J'ai été pris par des trucs, ici, des gens sont passés et on s'est mis à discuter. Ecoute, tu vas être là toute la journée ? Ça me serait plus facile de venir plus tard, si t'es d'accord.

— Oui, mais la neige...

— Je sais. Tu as raison. C'est du bon bois. Ce serait bien de le ramener ici avant qu'il soit tout enterré.

Ils restent silencieux pendant quelques instants, puis Earl demande à son père :

— Qu'est-ce que tu en dis : si je passais dimanche prochain ? Ou peut-être un après-midi après l'école. Ouais, ce serait franchement mieux pour moi. Je sais bien que tu ne serais pas là, dans ce cas, mais on peut se retrouver une autre fois, pas vrai ?

— Pour moi c'est pas important d'une façon ou d'une autre – c'est ton bois, pas le mien.

— Bien sûr.

— D'accord, alors, déclare Nelson d'une voix qui devient presque un souffle.

— Ça va bien, papa ?

Nelson hésite une seconde, dix secondes, vingt. Il ouvre la bouche pour parler.

— Papa, tu vas bien ?

— Ouais. Je... je vais bien.

Ses pensées brûlent et tourbillonnent comme si un terrible incendie lui ravageait le cerveau.

— Je... je voulais te demander quelque chose, articule-t-il.

— Bien sûr. A propos de quoi ?

— A propos de... je suppose, ton frère. A propos de Georgie. De toi. De ta mère. De ta sœur.

— Bien sûr, dit Earl. Vas-y.

— Non. Je veux dire que, non... Bon, il vaudrait peut-être mieux que nous parlions de ces choses autour d'une bière ou..., tu comprends ?

Earl répond :

— Ça me va. Comme tu veux, papa.

— Bon, je me demandais, tu vois, à propos de Georgie. Pourquoi il m'en veut tellement, laisse échapper Nelson, et le feu à l'intérieur de son crâne se met à rugir dans ses oreilles, lui pique les yeux, lui remplit les narines et la bouche de fumée et de cendre.

Son fils déclare :

— Eh bien, c'est à lui que tu devrais demander ça, pas à moi.

— Oui. C'est juste, bien sûr. Toi, dit-il, tu ne m'en veux pas autant, n'est-ce pas ? D'avoir quitté ta mère et tout ça ? Tu sais... tu sais ce que je veux dire. Tout ça.

Earl inspire profondément puis relâche lentement sa respiration.

— C'est bizarre. C'est bizarre que nous nous mettions à parler de ces choses, papa. Tu comprends, toi tu... Ecoute, ça fait des années que j'ai tiré un trait là-dessus et Georgie ne l'a pas fait, c'est tout. De son point de vue tu lui as bousillé la vie ou un truc comme ça. Mais c'est seulement sa façon de voir.

— Mais ce n'est pas vrai. J'ai bousillé la vie de personne. On ne peut pas bousiller la vie de quelqu'un. Je suis parti, un point c'est tout.

— Oui. C'est seulement une façon de parler.

— J'ai bousillé la vie de personne.

— Ouais.

— Pas celle de ta mère non plus. Pas celle de Louise. Pas la tienne, Earl. Pas celle de Georgie non plus.

— Non, papa, pas la mienne. Tu peux en être certain. Ecoute, il faut que je raccroche, d'accord ? Il y a des gens ici. Je passerai déterrer ce bois dans la semaine, un après-midi cette semaine, d'accord ?

Nelson répond d'accord, ça lui va, mais il faudra qu'Earl le fasse tout seul parce qu'il ne revient à la maison qu'en fin de semaine maintenant que c'est l'hiver.

— Depuis quelque temps je passe la semaine à Seabrook.

— Sans blague. Où ça ?

— Oh, j'ai pris une chambre dans un motel à Hampton. C'est bien. Télé couleurs. Tu vois. Kitchenette.

— C'est bien, déclare Earl.

— Je... je suis désolé pour ce truc, Georgie et tout ça, dit Nelson.

— Eh, n'y pense plus, papa. Bon, il faut que j'y aille. On se parlera plus tard, d'accord ?

— D'accord.

— Salue bien Allie pour moi, dit Earl, puis c'est au revoir et le téléphone est mort, bourdonnant dans la main de Nelson.

Levant les yeux, il s'aperçoit que sa femme le regarde fixement. Il repose le combiné et va vers l'évier où il se verse une autre vodka, rien qu'un peu, la moitié du verre, et il l'avale d'un seul trait. Cette fois il laisse le verre dans l'évier et la bouteille sur l'égouttoir.

— Tu en as pris combien ? dit Alice d'une voix neutre, objective, comme si elle demandait la date.

Elle boit son thé à petites gorgées et par-dessus le rebord de sa tasse elle le regarde, elle voit qu'il ne tient pas compte d'elle et de sa question. Puis elle ajoute :

— Earl est dans son monde à lui. Ne te laisse pas atteindre par lui.

— C'est pas lui qui m'atteint. C'est ce putain de bois. C'est ça qui me dérange.

— Earl n'en a pas vraiment besoin, tu sais. Il habite en ville, il n'a qu'une petite cheminée riquiqui...

— C'est pas le *problème* !

Non, selon lui, le problème c'est que ce tas de bois la fout vraiment mal là dans la cour, et sous la neige c'est encore pire parce que ce n'est plus clairement du bois à brûler mais ça pourrait être simplement des trucs à jeter, ou du sable, ou des branchages, ou du matériau de remplissage, bref le résidu informe et agaçant d'un travail qu'on a interrompu quand l'hiver est arrivé.

Brusquement Nelson soulève le loquet de la porte, passe dans le séjour frais et sombre, et monte dans sa chambre. En un instant il est habillé d'un épais pantalon vert à côtes, d'une chemise de laine, de bottes pour la neige, et il rentre à la cuisine où il enfile sa veste rembourrée, sa casquette fourrée noire et ses lourds gants de travail.

— Tu vas chercher le journal ? lui demande Allie depuis la table.

La chienne s'est couchée à ses pieds.

— Ouais, grogne Nelson.

Puis il sort vers la grange à pas rapides. Une fois la porte du bureau d'Alice soigneusement refermée derrière lui, il ouvre d'une poussée le portail roulant de l'entrée, inondant l'obscurité d'un éclat soudain de lumière blanche et de tourbillons de neige poussés par le vent. Il reste là debout un instant, les mains enfoncées dans les poches, les yeux perdus dans l'allée qui mène à la route, le dos contre l'arrière vert de son break

Pontiac et, derrière lui, l'obscurité sinistre de la grange. Il fait le tour de la voiture et ouvre la portière avant, côté conducteur. Sous le siège, il prend une demi-bouteille de vodka à moitié vide, dévisse le bouchon, incline la bouteille et boit. Il n'en éprouve rien – il ne se sent ni mieux ni plus mal d'avoir avalé cet alcool. Il n'a rien fait d'autre que d'éviter le malaise qu'il aurait ressenti s'il n'avait pas bu. Après avoir remis la bouteille sous le siège il se retourne et heurte le billot, une souche avec un coin en acier et une hache enfoncés en son sommet parsemé de sillons. Il se moque de lui-même et sa voix lui paraît étrange, une voix de vieillard – Ho, ho, ho ! – mêlée d'une voix d'ivrogne – Har, har, har ! Après avoir hésité un instant au portail, il fait à nouveau demi-tour, tire à nouveau la bouteille de sous le siège de la voiture et la glisse dans la poche de sa veste. Puis il quitte la grange et, tel un explorateur de l'Arctique partant pour le pôle Nord, il plonge dans la neige.

Elle est plus épaisse qu'il ne croyait, il y en a déjà douze ou quinze centimètres, et elle se déplace, c'est une neige mouillée, entraînée par un vent tenace de nord-est, qui colle à toutes les surfaces qu'elle rencontre, à celle des arbres, des maisons, des granges, des cheminées, et maintenant à Nelson Painter lui-même qui se fraie un chemin dans l'allée devant l'énorme portail ouvert de la grange et qui blanchit si vite que lorsqu'il atteint le tas de bois il est entièrement blanc, y compris le visage qu'il a pourtant rentré dans sa veste autant qu'il peut. C'est tout juste s'il discerne encore les vagues de neige poussées par le vent devant lui.

Il se penche, et d'une de ses mains gantées il agrippe un morceau de bois, le tire de toutes ses forces, mais rien ne vient. Il balaie un peu de neige, saisit une autre bûche, mais elle non plus ne cède pas. Debout, il envoie un coup de pied à la première qui se dégage du tas et roule dans la neige. Il la ramasse, la ramène contre sa poitrine et lance un coup de pied à la deuxième. Il en lance un autre et encore un autre, mais elle ne bouge pas. Alors il prend la première, et, la tenant par un bout, il l'abat sur la deuxième jusqu'à ce qu'elle se décolle. Il est hors d'haleine, il transpire dans sa veste et insulte le bois. Ramassant les deux bûches il en attaque une troisième qu'il finit par dégager à coups de pied et qu'il entasse dans ses bras avec les deux précédentes. Puis, au moment où il balance un coup de pied à un quatrième morceau de bois, il perd l'équilibre, glisse et tombe, laissant rouler les bûches dans la neige. Lentement, avançant à genoux en s'aidant de ses mains et en haletant péniblement, il rassemble les trois bouts de bois et se remet debout. Sa hanche le brûle douloureusement à l'endroit où elle a heurté le sol, et il se met en marche vers la grange.

A mi-chemin, suivant ses traces presque recouvertes, il aperçoit sur sa gauche la porte de la maison qui s'ouvre lentement contre la bourrasque, et il voit Allie sortir sur le seuil et lui faire signe du bras de rentrer dans la cuisine. Il ne peut pas distinguer son visage mais il en connaît l'expression, il l'a vue si souvent, un mélange de colère, de douleur et de souci. Il ne peut pas non plus entendre Allie à cause du vent et de sa casquette rabattue sur ses oreilles, mais il sait ce qu'elle est en train de crier : « Rentre, Nelson ! Tu es soûl et tu vas te faire mal ! » Puis voici la chienne qui surgit derrière Allie et, comme elle ne reconnaît pas Nelson, elle bondit, aboyant férocement dans sa direction, sautant avec force à travers la neige en aboyant toujours contre cet inconnu couvert de neige dans la cour. Lorsque Nelson se tourne pour éviter l'animal, il glisse sur la neige mouillée et fait une nouvelle chute, laissant tomber les bûches qui s'éparpillent. Soudain la chienne le reconnaît et se replie à toute vitesse vers la cuisine. Nelson plonge la main dans la poche de sa veste, réussit à dévisser le capuchon et prend une longue gorgée. Rebouchant la bouteille, il la remet dans sa poche et jette un regard vers la porte, mais elle est fermée. Il est de nouveau seul. Bien. Lentement il récupère une à une ses trois bûches, se relève et recommence à cheminer péniblement vers la grange. Il lui paraît si loin ce trou noir dans le monde blanc, à des kilomètres et des années de distance, et il se demande s'il y parviendra jamais, s'il passera des années, une vie entière dehors dans la neige à avancer d'un pas lourd vers cette grange silencieuse, sombre, glaciale où il pourra poser ses trois morceaux de bois à brûler, poser une bûche par terre douillettement contre la suivante, le début d'une nouvelle rangée.

TABLE

Imprimé en France sur Presse Offset par

BRODARD & TAUPIN

GROUPE CPI

La Flèche (Sarthe), 4452
N° d'édition : 3187
Dépôt légal : novembre 2000